水墨·陽羨

——寻找"形式美"背后的"文化美"

周亚君　毛俊艳◎主编

河海大学出版社
HOHAI UNIVERSITY PRESS
·南京·

内容提要

本书展示了宜兴市阳羡小学美术团队近七年来从事儿童水墨画教学的研究成果。阳羡小学从“文化化人”的本源价值目标出发，站在“以生为本”的角度，尊重儿童的自然意趣，把墨趣书香、乡土文化、儿童趣味等紧密契合，既重视对文化的感知、人文精神的挖掘，又重视儿童水墨意趣的彰显，改善教与学的方式与品质，深度构建有文化魅力的儿童水墨画课程。本书共分4章，第一章阳羡境遇“文化美”；第二章畅饮氿中“一瓢水”；第三章寻找画里“那一个”；第四章我的课堂“我做主”。探索儿童水墨画教学范式，以阳羡文化为背景，在阳羡文化境域中开发“以画养品，以文化人”的水墨特色课程与实践模式。

图书在版编目(CIP)数据

水墨·阳羡 ：寻找“形式美”背后的“文化美” / 周亚君，毛俊艳主编. -- 南京 ：河海大学出版社，2019.7

ISBN 978-7-5630-6051-1

Ⅰ. ①水… Ⅱ. ①周… ②毛… Ⅲ. ①水墨画—国画技法—教学研究—小学 Ⅳ. ①G623.752

中国版本图书馆CIP数据核字(2019)第155103号

书　　名　水墨·阳羡——寻找“形式美”背后的“文化美”
书　　号　ISBN 978-7-5630-6051-1
责任编辑　江　娜　彭志诚
特约校对　张　堃
封面设计　徐娟娟
出版发行　河海大学出版社
地　　址　南京市西康路1号(邮编:210098)
电　　话　(025)83737852(总编室)
(025)83787156(编辑室)
(025)83722833(营销部)
经　　销　江苏省新华发行集团有限公司
排　　版　南京布克文化发展有限公司
印　　刷　虎彩印艺股份有限公司
开　　本　787毫米×1092毫米　1/16
印　　张　12.75
字　　数　228千字
版　　次　2019年7月第1版　2019年7月第1次印刷
定　　价　52.00元

序

墨生五色　鸟栖花艳

江苏宜兴，古称阳羡，物华天宝，人杰地灵。宜兴，以教授之乡驰名中外，更以大师云集而称著于海内外。这里有浓厚的文化艺术氛围，更有各种美术及工艺的传承，徐悲鸿、钱松嵒、吴冠中这几位现当代中国美术界泰山北斗式的大师都是宜兴人。一方水土育一方人，宜兴人爱美、爱艺术、爱美术蔚然成风，无论民间还是学校。

宜兴市阳羡小学以美术教育为特色，因成绩卓著而屡获教育部、江苏省教育厅的表彰。《阳羡文化境域中儿童水墨特色课程开发研究》是阳羡小学承担的江苏省教育科学"十二五"规划2015年度课题。汤建英校长说："创造一种学校特色文化，需要用专业的眼光去尝试构建，还需要用科学的眼光去发现问题和研究解决问题，这是学校文化提升的必由之路。"这一课题的核心概念或可归纳为：儿童、文化、水墨。阳羡小学所追求的是童趣墨意的儿童教育，志在创建的是气韵生动的校园文化。

儿童是课题研究的对象，也是学校文化的主人。研究儿童的前提是了解儿童，尊重儿童，保护儿童；研究儿童的目的是解放儿童，发展儿童，成就儿童。儿童天生是"艺术家""梦想家"和"游戏者"，无论是保护儿童，还是发展儿童，都要遵循儿童的自然天性来实施教育。就儿童教育而言，艺术的教育最适合儿童的天性。儿童的艺术是儿童心理世界的真实流露，儿童绘画看似幼稚、天真，显得简单、直白，甚至稚拙，然而在这种幼稚和天真中，却使我们感受到一种清新、真实、活泼和创意，这是来自生命本身的内在生长力与创造力。像一粒种子掉到泥土里，儿童生命的种子在不经意中默默地发芽、生长，迎着阳光与雨露。教师需要有一种佐助生命成长的文化自觉，精心地照看，适切地培育。

儿童发自本能的涂鸦，是回应内心世界的精神需求，也是向外在世界确证自己的存在与意愿。儿童的这种本能是终身发展的原动力，它需要得到成人的珍惜，得到保护和鼓励。儿童是天生的艺术家，儿童的生活充满着梦想，儿童的涂鸦便是折射这些梦想的艺术。学校和教师要努力营造适宜儿童生长的文化土壤与艺术环境。阳羡小学深刻地意识到，本土文化是个体认知最自然、最亲近的“成长土壤”，也是“个体精神活动最初、最重要的生动场所”，它深刻影响着个体的心灵成长，形塑着每个人的世界观雏形，使之产生对本土文化的依恋和认同。基于阳羡文化的儿童水墨特色课程开发与实践，正契合了学生的学习与生活需求，可以提供一种更亲近、更适切的传统文化体验性学习方式，促进学生更自适地成长。

儿童喜欢游戏，儿童生活也应该是游戏的。对于儿童来说，艺术往往是游戏，游戏往往也是艺术。丰子恺在散文《给我的孩子》中写道：“我的孩子们！我憧憬你们的生活，每天不止一次！……你们每天做火车，做汽车……堆六面画，唱歌，全是自动的，创造创作的生活。”阳羡小学挖掘阳羡本土文化丰富多样的教育资源，提炼学校精神，开发具有阳羡文化气息的儿童水墨校本教材，这既是对儿童游戏化生命存在特点的回应，也是用满腔热情呵护自然生命的成长，使儿童的自然生命打上人化的印记。阳羡小学的儿童水墨特色教育自 2012 年启动以来，本着“以画养品，以文化人”的教育宗旨，依照以文化为线索的建设模式，取得了丰硕的成果：学生国画作品获教育部一等奖，2013 年评为宜兴市 AAA 级少儿国画教育特色学校。如何继续将国画教育特色推向深入？阳羡小学认为当务之急是需要解决特色发展问题。省级课题的立项，使他们更为自觉地扎根本土阳羡文化，更深入地开发契合学校办学主张、有自己特色的课程，促进学校水墨特色的再发展与文化建设的再提升。

阳羡小学为什么选择水墨画作为特色课程建设的载体呢？其一，水墨画最能代表中国传统文化的特点和特色。其二，水墨画最适合儿童自由舒展的个性表达。其三，材料简单，使用便捷，表现灵活。谈到水墨画，就不能不谈到唐朝的大诗人王维。诗人兼画家的王维在《山水诀》里说：“夫画道之中，水墨最为上。或咫尺之图，写千里之境。东西南北，宛尔目前。春夏秋冬，生于笔下。”他将水墨山水的地位列为画道之首，明确提升了水墨山水画的地位。在此之前，虽然水墨山水也已经出现，但仍然是青绿山水占据山水画的主流，以墨代色这种观点的提出可说是山水画史上的重要转变。之所以水墨为最上，是因为它“肇自然之性，成造化之功”，作为自然物质的水墨，最合乎天地万物之自然，而仅用或浓或淡的墨色，就能描绘出万里江山和四季美景，的确如同天地造化那般神奇。

中国的水墨画非常独特，是中国艺术精神的代表。唐朝末年的大画家荆浩强调用笔的变化和用墨的韵味，他的作品被誉为“有笔有墨，水晕墨章”。他于《笔法记》中谈到图画之六要——气、韵、思、景、笔、墨。就笔墨而言，他说：“笔者，虽依法则，不质不形，如飞如动。”这是说，用笔虽然有法则，但是不可死板教条。所画之物不能拘泥于形貌，这样才能做到挥写自如、形象生动有若飞若动的感觉。他又说：“墨者，高低晕淡，品物浅深，文采自然，是非因笔。”强调墨要依据对象的明暗、起伏而加以渲染，根据对象的色彩深浅来加以变化，这样就能取得用笔无法收到的艺术效果。

中国水墨画强调师法自然，遗貌而得神，讲究“笔墨宛丽，气韵高清”，这些都很适合儿童的艺术接受。王朝闻先生说：“我们现在的中小学美学教育，受西方人影响太大，先从学素描开始，这把小孩子的丰富的想象力给束缚住了。对小学生应当启发，由得他去充分发挥想象。我国民间美术之所以那样高级，是因为他画出了作者自己的感受，不受自然形态的束缚，不是像西方美术那样去搞自然的模仿模拟。模拟或模仿是搞不出真正的艺术来的。中国的艺术很讲究诗意。对小学的美术教育，主要是启发诱导，不要用条条框框去束缚他。”阳羡小学提出“用水墨浸盛童趣，用精神浸染童心，用文化浸润童年”的水墨文化主张，探寻“水墨嬉戏”的教学个性。开发出了成系列的《水墨·阳羡》校本教材 AB 两套和《水墨·阳羡》(A)面向全体学生，通过“民族瑰宝”“阳羡大师”“意入我境”等版块传递水墨精神，作为《美术》教材的有益补充，被评为无锡市校本教材成果一等奖。《水墨·阳羡》(B)三册共计九章一百一十五课，包含“陶美茶香”“荷塘氿风”“渎上农家”“陶都十景”“幸福校园”“灿烂童心”“阳羡人物”“宜人山居”“荆邑遗韵”等九个版块，这些内容既突出水墨画的特点，又适合儿童绘画学习的需要，儿童质朴天真的个性与水墨画清简自然的格调相一致。2017 年 1 月 B 套教材被评为江苏省校本课程成果一等奖(宜兴唯一)。

王朝闻先生说：“现在的儿童画，别搞成小大人画，很多是父母导演出来的，缺乏童心，我们应当提倡有童心的儿童画。”王朝闻先生的期望在阳羡小学得到了创造性的落实。他们明确认识到阳羡文化的内涵与本土文化对儿童成长的价值，努力挖掘了阳羡文化特色资源中适合绘画教学的素材资源，逐步形成了适合儿童水墨画课堂教学的操作样式，优化了“文化可视”的课程形态，发展了鲜明的水墨画教学特色。

水墨画的教学不仅仅是让儿童接受一种艺术的熏陶，更不仅仅是一种绘画技能的训练，而是对中华民族优秀传统文化的继承与发扬，是对乡土艺术文化的挖掘与整理。水墨画的教学蕴含着思想的教育和人格的培养。中国画区别于外国的油画，在于它有一种截然不同的精神气质。中国画所追求的是一种天人合一的意境，优秀的绘画作品通常体现出一种“温柔敦厚”的艺术风格。“温柔敦厚”体现出中国文化传统致力于把个人融化于群体、融化于自然的追求。欣赏中国画的优秀作品，你会于自然之中感到一种脉脉的温情，有一种融化感。对于自然万物，中国的各种艺术表达都会寄托一种道德评价。艺术的创作与鉴赏旨在使人获得一种修养，在人性方面，获得一种丰满。在这方面。阳羡小学很自觉地将立德树人贯穿于水墨画教学的全过程，依托水墨的“形式美”，寻找本我的“文化美”。他们注意研究孩子水墨嬉戏的方式方法，释放“童性”，发现“玩性”，把“教”转化为“学”，把“学”转化为“玩”，让孩子自由自在地沉浸在“玩”“学”水墨的意境中，玩出情趣与智慧，学出快乐与成效。

阳羡文化环境是每一个本土孩子活动的初始场所，深刻影响着学生的生活及心灵成长，对孩子最初世界观的形成有着重要影响，使他们从小就产生了对本土文化的依恋和认同。教师引导学生带着自己的一份欢喜心去观察家乡环境，体验生活乐趣，感知阳羡文化，并用水墨的形式自由表达，怡情养性，以画养品，培养孩子鉴赏美和创造美的能力，达到一种儿童化的水墨艺术效果，也收到以画育人的教育效果。

教育的根本任务之一是要传承民族的文化，民族文化的传承需要渗透于日常的教学活动、艺术活动和儿童的生活之中。水墨画的教学作为儿童绘画艺术修养的培养，有必要让儿童通过中西绘画艺术的比较，加深对水墨画的理解，也加深对中华艺术的情感，培养儿童文化的自觉和民族的自豪感。中国绘画没有西洋绘画之中的那种透视关系，比较而言，西方的透视关系是焦点透视法，中国的绘画是散点透视的，这就像一个人在花园里边散步一样。你在欣赏中国画的时候，就如同身临到中国画里面，你从一个点游到另外一个点，没有统一的聚焦。特别是那些画山川大河的长卷，例如《清明上河图》描绘的那样的场面，都是散点透视，这种散点透视的艺术方法很适宜于儿童，合乎儿童的审美直觉。

在水墨画的教学与创作中，居于重要地位的是趣味。无论是儿童的涂鸦，还是大师的经典作品，其实都是现实生活中体验的喜怒哀乐等心态的呈现，这是由情感“宣泄”而引发心理共鸣，从而产生欢愉畅快的感觉，这是一种超越功利的趣味。儿童水墨画习作的过程，包含着感悟、模仿、想象、移情、共鸣等丰富的心理情感活动，趣味从艺术中扩展出去，达到儿童生活的各个领域，让儿童有美不胜收、乐此不疲的愉悦感。

中国的古典艺术家认为，艺术的最高境界就是存在之真。艺术家所建构的意义世界，也在于追求这种存在之真。并把它形象地表现在画面上，也就是能够“意造于真”，这里的“真”始终只是生命体验的自然和自由。如何保证艺术具有真美的价值呢？梁启超的回答是，观察自然。他认为，中国传统的艺术一直没有真正意义上的观察自然，而“美术学校教育任务，最要紧的是给被教育人一个规矩。中国传统的美术教育，注重名画的临摹，对自然进行身临其境的体验和深入细致的观察有所不够。”阳羡小学从引导儿童亲近自然，在儿童与自然的互动中发现问题、研究问题、化解问题，不断改进特色课程建设的内容和方式。阳羡小学的水墨画教学是从儿童的好奇心出发，引领他们观察自然并通过水墨、线条、空白书写自己的发现，寄托自己的审美意趣与艺术个性。

梁启超说：“人类当然不可能人人都是美术家，但不可不个个都做享用美术的美术人。”“据多数人见解，总以为美术是一种奢侈品，从不肯和布帛菽粟一样看待，认为生活必需品之一。我认为中国人生活之不能向上，大半由此。”梁启超将美术提高到与人们生活息息相关的布帛菽粟的地位来肯定，确有一种振聋发聩的思想穿透力，这对于当下的学校教育更有诸多启发与警示的作用。令人担忧的教育现状是，儿童失去了童年的欢乐，被围困在符号的世界里，淹没在作业的海洋里，他们几乎与自然完全绝缘，与社会生活疏离而产生隔膜。学校教育中普遍缺失艺术的自觉，没有让儿童赏心悦目的艺术氛围，更缺失有计划、有部署的美术训练。罗丹说，生活中不是缺少美，而是缺少发现美的眼睛。马克思说，人按美的规律建造。这都告诉我们，美术之重要，审美教育之急需。基础教育是为人的终身发展奠基的教育，是为人生打上生命底色的教育，因此，阳羡小学的水墨教育是儿童教育的典范，梁启超所谓的“美术人”是指懂得追求美，有美感，有情感，有趣味的人。但“美术人”的成长需要经过专门的情感和美感训练，如果不经过训练，人的美感会消退，人的趣味会变得低级。

艺术创造需要凭借一定的技术才能实现，阳羡小学绘画教学既注重绘画技能的训练，又不受技能的局限。他们的水墨画教学旨在使笔墨创作“有意”：让水墨构图显“儿童气”，不仅支持儿童“意料之中”的自由设计，还能接受儿童“意料之外”的个性解读。但所有这些都需要技术的支撑，并且通过课程的整合得到落实。阳羡小学认为，水墨表现需要凭借学生多种感官的“多元体验”“多元感知”，注重对象的组织结构，以及画面效果的“明豁”“有笔”。教师将水墨画教学与其他学科相整合，在诗情画意中取境，在经典寓言中取意，在传统戏曲中取乐。把学生熟知的诗句作为创作素材，展开想象，以诗题款，更能增强诗情画意的意蕴。由唐诗配画到咏宜兴诗词的创作，既可以帮助学生“身临其境”体会诗文意境，又启发他们进行形象思维，以画抒发情感，多方面获得审美感受。

儿童的艺术教育重在培育审美的趣味与审美的格调。爱尔维修认为，那种审美的趣味也即自觉的趣味，始终是以教育为条件的。卢梭也确认在趣味问题上，教育的作用不可或缺。他说："好的趣味是凤毛麟角，因为作为天生之物，他只能经过培养，和社会环境的陶冶才能起作用。"阳羡小学站在"以生为本"的角度，尊重儿童的自然意趣，把墨趣书香、乡土文化、儿童趣味等紧密契合，注重把文化观察、生活情境、内心感受等融入课堂教学，探索构建体验式教学模式，促进学生更主动自适地学习，提高学生的水墨创作表现能力。

培育水墨少年，放飞儿童的彩色梦想。阳羡小学水墨特色课程的开发与建构，是对童心的回应，是对童年的保护，也是艺术美的建造与创造。他们用艺术之美浸润童心，让水墨文化护佑童年，从而使儿童的生活与儿童的世界更为美好并五彩缤纷。

是为序。

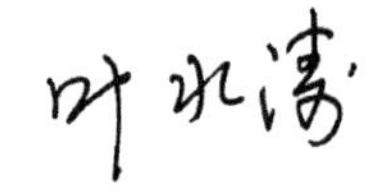

2018 年 12 月 17 日于南京

目录

第一章　阳羡境遇"文化美"

第二章　畅饮氿中"一瓢水"

第三章　寻找画里"那一个"

第一章

阳羡境遇“文化美”

宜兴文源耀华彩

数千年的历史积淀，使得宜兴拥有了丰厚的人文资源。宜兴，具有万年开发史，7000年制陶史，2200多年建县史，其历史文化资源之富集独冠江南。

从古至今，宜兴崇文重教，耕读传家。自始皇帝设阳羡县以来2200多年，走出了4位状元，10位宰相，548名进士；现当代又涌现出近万名教授、副教授，127位宜兴籍大学校长，30名宜兴籍两院院士。“教授之乡”“院士之乡”“书画之乡”“校长之城”的美誉赢得天下的推崇。一个个惊人的数字，一系列神奇的巧合，令世人对这片土地赞叹不已。

其实，所有的巧合都是必然，这种文化现象的出现来源于良好的家风、严谨的学风、和谐的乡风……在漫长的时光中无声无息地积淀，传承渗透，滋养着一代又一代人。

良好的家风，是培养人才的基础。习总书记说：“家风是一个家庭的精神内核”。万丈高楼始于基，一个人价值观形成的起点是家风，家风就是一个人成长的“地基”。良好的家风，对孩子的成长大有裨益。可以说，宗师巨匠的诞生离不开家风的熏陶。就拿著名流体力学家、理论物理学家周培源来说吧，周培源出生于宜兴芳桥的一户书香门第，受“秀才”父亲的精心教育，从小就显露出超常的灵气和才气。四岁开始跟姐姐一起上私塾，学习蒙学。每天回家，父亲都会检查他的学习成果。周培源11岁跟随父亲到上海求学，大都市的生活丰富了他的所见所闻，因此他的成长也特别迅速。对他寄予厚望的父亲不仅用自己的眼界、胸襟、胆识打开了孩子的格局，也成为他成长路上的引导者。父亲用自己的言行告诉他：要想取得成功，唯有努力。天资聪颖的周培源17岁就考取了清华大学，并开始涉足科学研究领域。晚年时，他常对女儿说：“我并不聪明，但十分勤奋。中国有句俗话，以勤补拙，我就是这样做的。”可以说，周培源最终能成为科学巨匠，跟他良好的家风是分不开的。家庭影响着他的人生格局，人生格局看不见，摸不着，却能真正决定一个人能走多远。家风，中华文化的缩影，文明的延续。

严谨的学风，是造就人才的保障。成名成家者，离不开锲而不舍的踏实勤学。

阳羡人物
蒋之奇
周雨欣画
周

说起吴冠中，我们的眼前总会浮现出他笔下的诗意江南，白墙黛瓦、小桥流水、绿柳红花……生动亲切，宁静淡泊，寥寥数笔却让人无限向往。吴冠中出生在一个贫困的农民家庭，回望他的成功之路，只有两个字：勤奋。1946 年，当时的国民政府教育部选派留学生赴欧美留学，吴冠中以全国绘画专业第一名的成绩来到法国最高美术学府——巴黎国立美术学校学习。他一有时间就到卢浮宫临摹，除了在卢浮宫美术史学校听课，就是参观博物馆、大型展览及大大小小的画廊。那么多画廊，每家在不断轮换展品，他天天转，所见仍日日新。书店及塞纳河岸的旧书摊也是很吸引吴冠中的地方。晚上他到法语学校补习，或到大茅屋画室画人体速写，时间排得紧，来不及吃饭，便买面包夹巧克力，边跑边吃。大学城晚上常有舞会，他从未参与过，晚上回到宿舍就十点多了，还要看一小时法文书。吴冠中坚持不懈地走中西融合之路，对“油画民族化”和“中国画现代化”有深刻的理解。作品点线交错迷离，色墨飞舞辉映，抽象意味浓重，艺术特色鲜明，具有迷人的魅力，其艺术思想可谓大道至简、贯通中西。英国文学评论家迈克·苏立教授曾这样说：“单凭发表的文字就足使他在艺坛上占有一席之地。尤其是他那强烈、简练与坦诚的表达方式，可与他所崇拜的凡·高媲美。”宜兴籍画家徐悲鸿、吴冠中、钱松嵒是画坛三巨匠，他们之所以能取得辉煌的成就，都是因为坚持不懈的努力。

和谐的乡风，是人才的催化剂。正如南京大学地理与海洋科学学院教授吴国平说，家乡宜兴之所以人才辈出，是因为氛围好。开会时，吴国平教授和自己的高中同学并排坐着，同座是中国药科大学的教授。吴国平称自己和徐悲鸿、唐敖庆都是一个镇上的，“小时候我还经常到唐敖庆家去玩的”。他认为宜兴当地的学习氛围很好，身边总有学习用功、学有所成的人做榜样，学校也会刻意地让学生们和这些人认识。二十世纪七十年代上小学期间，学校就经常邀请宜兴籍文化艺术界的名人到学校和他们交流。“所以大学毕业的时候，宜兴籍的人留校当老师的比较多，受前辈影响，对文化、科学研究感兴趣。”吴国平教授的一番话，指出了宜兴教授之乡形成的原因。“一棵树摇动另一棵树，一朵云推动另一朵云，一个灵魂唤醒另一个灵魂。”思想的浸润，文化的传承，让宜兴人才辈出，在世界这方舞台上熠熠生辉。

锦绣江南，古城宜兴。文化之邦，才子之乡。宗师巨匠，灿若群星。他们是院士之乡的“金字招牌”，也是宜兴人民的骄傲！宜兴文源耀华彩，锦绣河山入梦来。

（曹　冰）

陶美茶飘香

结　缘

宜兴是我国最享有盛名的古茶区之一，生为宜兴人，我却并不常喝茶，对茶的品种及茶具更没有什么讲究，但对紫砂壶却有一份天然的喜爱。它那古朴的造型、内敛的色泽深深地吸引了我。

初识紫砂壶，还缘于儿时在田间地头每户人家干活时都会带的大茶壶(因其形较大，可能称罐更合适)，色泽绛红，高约一尺，圆肚巧嘴，另有两把粗号铅丝弯成的提把手。地里忙活了一阵的叔啊姑的，总会在祖父的召唤下每人过来喝上一碗。里面是阳羡本地最普通的大叶红茶。那一刻，我也会凑上去讨一碗来喝。这浓郁简单的茶水味，是我整个童年时期最难忘的乡土味！

由于儿时便与紫砂壶结下了缘分，以及对紫砂壶这份天然的喜爱，我常想去紫砂壶的原产地走一走，看一看。

儿子读小学时，是阳羡少儿国画院的一员。我也随其参与一些活动，并有幸陪同前往丁蜀前墅村和古南街采风。这是真正意义上的第一次近距离接触紫砂陶的诞生地，亲身感受其历史的厚重和延续了数百年的美丽焰火。

龙　窑

明代古龙窑，掩映在古南街前墅村的村落里，由古人利用天然山坡建成，远远望去，宛如一条匍匐于山坡上的苍龙，似随时准备跃入大海，或腾飞于长空。

这是陶都宜兴目前仅存的一座古龙窑，它延续了传统烧造陶器的方法，被称为宜兴最后的活龙窑。

作家徐风曾这样描述："它长达五十余米的龙肚里，填饱了各式大大小小等待烧制的陶坯。在'龙脊'的两侧，均匀地分布着填放燃料的鳞眼洞。良辰吉日，窑主带着窑工们依次磕头，供猪头，上高香，念过了几百遍阿弥陀佛，窑火被点燃了，慢慢地你会闻到一阵阵松针的清香，那是晒干了的松枝，被填进鳞眼洞里……那龙窑在烈焰里慢慢变成了一条火龙了。暗淡无光的陶坯，在千度以上的窑火中，渐渐变得通体透明。”

窑场的老师傅们说，用松枝烧出的陶器，釉水光润而发亮，且经久耐用。紫砂器不用上釉，但如果给它以足够的窑火，它的成色就会变得古朴内敛、温润如玉。

站在龙窑之首，轻抚外壁糙燥的白土，我仿佛闻到了窑场四处弥漫开来的松针所特有的香气，映着红亮的窑光，伴着蠡河水的清凉，扑面而来，如此热烈，又如此温暖。

制　壶

东坡书院北侧，有苏东坡先生命名的蜀山，有范蠡与西施归隐江南时泛舟的蠡河。书院之东侧的小学内，常有孩童之琅琅书声。而西侧，蠡河之旁，则静静卧着一条老街，即古南街。

古南街依山傍水，街边均为二层砖木结构建筑，质朴宁静，紫砂店铺林立，百年的风吹日晒、雨打雪飘，似乎让这里多了一份历史的沧桑。

而从这里，走出了诸多制壶大师，如任淦庭、朱可心、顾景舟、顾绍培、曹婉芬、徐汉棠、毛国强……紫砂壶有许多前人提及的优点，如形美、色朴、实用，在我看来，一壶在手，淡淡的茶香溢出，更多的是一种人生态度，简单、含蓄、不张扬。由此想到，人生其实很短，我们每个人都应脚踏实地，干好手中的每一件事，以不负青春韶华。

阳羡山水甲天下
两位老人在摆满茶的茶匾西品茶不亦乐乎
朱云起
云起

现在住在这条街上的人们还以制壶为生，一路行来，可以看到两侧街铺里常会有人在工作台前认真制壶。你甚至可以凑近去看他们的制作流程，这数百年前的传统手艺，便在这一代又一代人的手中得到延续。本地艺人会向你详细介绍每一把壶的不同特点、用途，更会邀请你坐下来喝几杯宜兴红茶，谈壶、谈茶，如果说得投机，那便是天南地北，无所不谈——这便是宜兴手艺人的为商之道，先交友，再卖壶，即使买卖不成但人情在，让你有一种以后还会来坐坐的感觉。

南街，这孕育了阳羡紫砂文化、历经百年沧桑的老街，在新时代的文化氛围中，焕发了她的又一春。

品　茶

说到紫砂壶，自然就离不开阳羡的茶。宜兴是著名的古茶区之一，在三国孙吴时期便名驰江南。而唐代茶圣陆羽更是认为阳羡茶“芳香冠世，推为上品”，由此阳羡茶在当时名扬四方，备受推崇，更被选入贡茶之列，所以有“阳羡贡茶”之美誉。“天子未尝阳羡茶，百草不敢先开花”的诗句流传至今。阳羡茶有汤清、芳香、味醇之特点，不仅受到皇亲贵族的青睐，也是文人雅士的首选。遥想东坡当年，于苍松之下，竹林之旁，架起提梁壶，汲来金沙水，点火燃桑枝，坐烹雪芽茶，闲聊聆松风，盏茶致明月，那是何等风致。

清明前后，烟雨朦胧。宜兴进入了一年中最富有诗意的季节。连绵的山坡上，茶芽初绽，采茶人便开始忙碌了。她们的手对待茶芽是极温柔的，掐尖时，用指腹轻轻摘下，就像对待襁褓中的婴儿一般。茶芽采摘后，将其均匀地铺在竹编里，待其水分蒸发后，揉炒，烘焙，拣剔，每一步都精心对待，方得好茶。

家中无事之时，偶尔我也会邀二三好友，于微雨中围坐于檐下，以紫砂壶泡上阳羡红茶，慢慢啜饮，细细听雨，这真是人生中最美妙的事。精致的茶壶、氤氲的茶香，仿佛拉近了我们与历史的距离。阳羡的人民，就是这样年复一年、日复一日过着最简单纯朴的生活，而阳羡百年的壶和千年的茶也便在这一天天的日子里，积淀了属于自己的那份古朴与华彩。

千百年来，蜀山与蠡河相依相守，紫砂壶与阳羡茶如鱼似水，相生相伴。在迎来新世纪曙光的时刻，宜兴的每一座山丘、每一汪碧水，在勤劳朴实的阳羡人民手中，定会焕发出更加夺目的光彩与美丽。而独属于宜兴这片土地的壶与茶，也将在新的时代里展现出自己更旺盛的生机与活力来。宜兴茶与壶的历史，必将翻开新的篇章！

（吴红娟）

竹海洞天话诗文

家乡宜兴景色秀美如画，灵山秀水孕育着灿烂的文化。自古以来，文人墨客用染了墨香的笔端将宜兴描绘，无数的游人为她陶醉流连。循着诗词的芳踪，轻拂荆溪山水的面纱，感受竹海洞天的风流。

在宜兴南部起伏的群山中，挺拔茂密的翠竹连绵不断，山风吹过，竹影婆娑，好似大海波涛起伏，气势壮观，称为“竹的海洋”。这竹的海洋，既指竹子数量众多，也指种类繁多，宜兴竹海有近百个具有代表性的竹种，方竹、龟甲竹、佛肚竹、罗汉竹、紫竹、斑竹、花毛竹、金镶玉竹……真是千姿百态，各展风韵。

漫步竹海公园，一座巨大的水库跃入眼帘，无风的时候，平静清莹的水面如一面巨镜，将蓝天、白云、青山、翠竹尽收镜中，真正是“白云抱幽石，绿筱媚清涟”。风拂竹林，其声似仙乐演奏，其态如少女翩翩。耳聆其声，目观其态，心旷神怡，此之谓也。

过镜湖索桥，经过了寂照寺。“寂照”多指心境，意安静清明。楞严经六：“净极光通达，寂照含虚空。”这里还流传着建寺高僧无极道禅师的孝心传说。

来到“东坡咏竹”处，便让人想起宋代大文豪苏轼的深情寄竹。他在《于潜僧绿筠轩》中曰：“宁可食无肉，不可居无竹。无肉令人瘦，无竹令人俗。人瘦尚可肥，士俗不可医。”苏东坡酷爱竹，在宜兴期间，常来这儿观竹、赏竹，并留下了“其身与竹化，无穷出清新”的诗句。

行至竹海“海底”，在被誉为“太湖第一源”的水溪山涧中，有块一分为二的巨石，上刻“飞来”二字。一棵竹笋破土时，可抬起一二百斤的石块。这块本在山顶的巨石，终于由于数棵竹笋的挤抬滚下山去。有诗颂竹曰：“扎根贫瘠中，挺身雷雨中，高风亮节不可折，躯杆凌云空。根须盘络紧，岁寒笑严风，嫩笋破土能断石。何惧压力重。”

从“海底”出发，向上攀登，出发之前，不妨在竹溪茶楼小憩，品一品用紫砂壶、阳羡唐贡茶、山涧水泡的茶。回味一下沿途美景，真可谓“竹下忘言对紫茶，全胜羽客醉流霞”了。

一路向上，在天然氧吧中尽情享受新鲜空气，放眼皆是竹子，不禁开始了对竹子的联想。

竹子枝杆挺拔修长，四季青翠，傲雪凌霜，倍受中国人喜爱，被视为高风亮节、正直挺拔、婆娑秀丽的代表。与梅、兰、菊并称为“四君子”，与梅、松并称为“岁寒三友”。它不跟奇花争艳，但长年郁郁葱葱，真是无花胜百花。古今文人墨客，爱竹咏竹者众多。清代郑板桥有传世名诗《竹石》：“咬定青山不放松，立根原在破岩中。千磨万击还坚劲，任尔东西南北风。”其实郑燮还写过一首《竹》：“一节复一节，千枝攒万叶。我自不开花，免撩蜂与蝶。”两首诗皆借物喻人，前诗赞美竹子刚毅，在恶劣环境中坚持自我，后一首又写竹子气节清高，借喻作者洁身自好。

新时代赋予竹的品格和精神以新的内涵，江泽民同志曾为贺晋年将军所画竹题款：“俏也不争春，劲节满乾坤。”现代革命家董必武诗云：“竹叶青青不肯黄，枝条楚楚耐严霜。昭苏万物春风里，更有笋尖出土忙。”管桦同志用竹比喻敬爱的周恩来总理的革命品格时，题曰：“扎根千尺土，叶上苍梧去。平生近红日，萧萧金石声。”无产阶级革命家叶剑英元帅有首《题画诗》，曰：“彩笔凌云画溢思，虚心劲节是吾师。人生贵有胸中竹，经得艰难考验时。”

宜兴不但被称为“竹的海洋”，还被誉为“洞的世界”。善卷洞门口有副对联说得好：“荆溪步步皆胜景，阳羡处处有洞天。”（荆溪、阳羡皆是宜兴城古称）宜兴有80多个石灰岩溶洞，形成典型的喀斯特地貌，千姿百态的石钟乳令人遐想联翩。最有名的溶洞当属善卷洞。

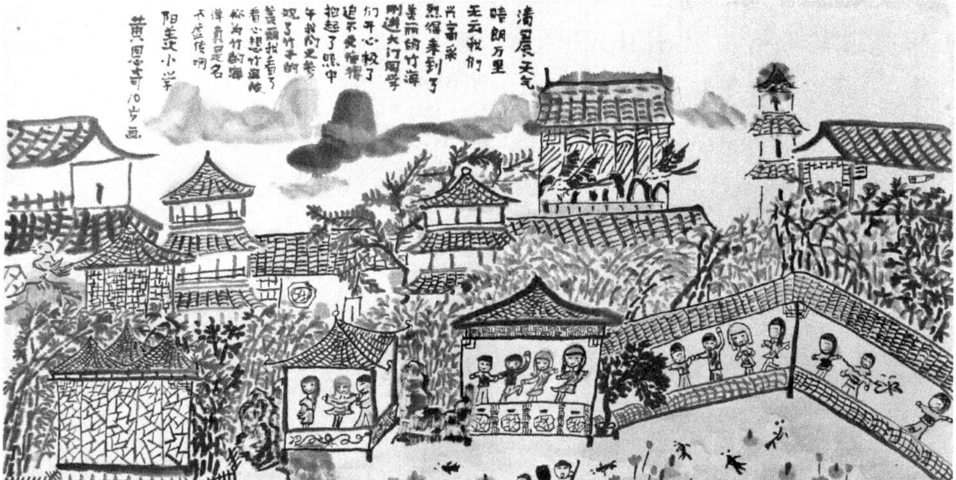

走进善卷洞，光怪陆离的石钟乳、石笋、石柱让游人既惊奇又赞叹。瞧，那处粗粗的大石柱延伸而上，形成“万古双梅”的景观，让人不禁想起宋朝卢梅坡《雪梅》中的诗句：“梅须逊雪三分白，雪却输梅一段香。”而前面那片钟乳石却好似一片含苞待放的荷花，此番景象不由让人想起古文《爱莲说》中的描述：“出淤泥而不染，濯清涟而不妖，中通外直，不蔓不枝，可远观而不可亵玩焉。”实际上，这只是水中倒影，下面的水不深，只有几十厘米，却在灯光的照射下显得格外幽深瑰丽。再往前看，首先入眼的是一匹白马，因为坐着看不到它的后腿，换个角度，居然又看到一只绵羊，由此得到一副对联：“骏马踏雪归去，灵羊迎春而来。”这块石头因站的角度不同而能看到两种动物，被称为“坐马立羊”。“大雪压青松，青松挺且直。要知松高洁，待到雪化时。”这是陈毅元帅为赞扬青松刚正不阿的品格而写的一首诗。再往前走几分钟，便可看到一棵“松树”，枝叶遮天，枝干粗壮，上面还覆盖着一层厚厚的“雪”，但它不畏严寒，傲然挺立，怪不得叫“通天石松”……

善卷洞除了石洞，还有一部分由水洞构成。这“洞中有河，河可通舟；船在水中行，桨往天上撑”堪称一绝。“壁堵疑无路，水迴别有天。”转过一道道弯，欣赏曲折的河湾、陡峭的悬崖、压顶的穹庐、千奇百怪的石钟乳，你会由衷感叹：在大自然的鬼斧神工面前，人类的想象力实在太匮乏了！

离开洞府，拾级而上，进入壑厅，石台石凳，可供人小憩。此处加固的石壁上，原来有半句诗“一片飞云化彩蝶”。据传这彩蝶乃是梁山伯、祝英台变的蝴蝶。关于梁山伯与祝英台的故事在宜兴流传已久，十八相送与双双化蝶的故事凄婉动人。宋咸淳年间的《毗陵志》中有这样一段记载：“祝陵在善卷山，其岩有巨石，刻云‘碧藓庵’，盖祝英台读书处。昔有诗云‘蝴蝶满园飞不见，碧藓空有读书台’。俗传英台本女子，幼与梁山伯同学，后化为蝶。”

这一座古老的四角碑亭中，碑上有“碧藓庵”三个大字。过去，在这一带，每年农历三月二十八为“观蝶节”，这一天千百对蝴蝶在青山花丛中比翼双飞，其间有一对硕大的蝴蝶于中午时分出现，据传是“梁祝”的精灵所化，双双飞舞，最后绕亭三匝，飞向碧藓庵后隐去。古有诗云：“清阴寂寞云松路，蝴蝶双飞芳草间。”“蝶舞凝山魄，花开想玉颜。”

家乡山美水秀，人文荟萃，苏轼便曾作词《菩萨蛮·阳羡作》盛赞：“买田阳羡吾将老，从初只为溪山好。来往一虚舟。聊从造物游。有书仍懒著，且漫歌归去。筋力不辞诗。要须风雨时。”如此羡煞墨客文豪的美丽宜兴，您一定会爱上她！

（沈　鹃）

新陶都十景

宜兴古称荆溪、荆邑，素有“水乡、竹海、茶洲、洞天”之美誉，是中国优秀旅游城市和享誉中外的“陶都”。在2009年中国陶都（宜兴）生态旅游节上，“善卷灵迹”“竹海叠翠”“文峰揽胜”“团氿蕴秀”“慕蠡探幽”“陶艺博览”“太湖烟波”“阳羡茶洲”“云湖佛光”“铜峰天池”被评为陶都新十景。

宜兴有旖旎迷人的青山绿水，她一面是蜿蜒起伏、郁郁葱葱的山峦，一面是碧波荡漾、帆影点点的太湖，苍翠的山峰，潋滟的水光，好像一幅美丽的山水画。宜兴的山水到底有多美？她让茶圣陆羽在这里问茶寓居，她让一代文豪苏东坡置田旅居，她让吴中才子文徵明流连忘返……

当你踏上宜兴竹海深处的慕蠡洞玻璃栈道，信步闲走，你会完全被郁郁葱葱的竹子包围！听鸟语啁啾，听风撩动竹叶“沙沙”而响，眼中、脚下、身旁都是青翠欲滴的竹林，你的身心必会沉醉于一片绿意盎然中。“千磨万击还坚劲，任尔东西南北风。”离去时，你是否还回味着竹在风中的低吟，是否明了这一个个绿色的生灵，遒劲坚忍的意志，和那节节虚怀的心胸。

我的老家在太华，我对茶情有独钟，因为我是在茶园中长大的。当我穿梭于连绵起伏的阳羡茶园，看层层山坡铺绿叠翠，闻树树新绿芳香浓郁，满眼的清新，满心的欢喜。我的衣襟沾满茶芽的芬芳，那一波一波的碧浪，如甘甜的茶汤入喉。宜兴是中国著名的产茶区，唐代以来，经茶圣陆羽推荐，宜兴阳羡紫笋茶被列为贡品。“天子未尝阳羡茶，百草不敢先开花。”至明清时期，阳羡岕茶被称为“中国第一历史名茶”。民国时期，宜兴人到茶馆品茶，已成为日常生活中不可缺少的一部分。宜兴人爱饮茶，有朋自远方来，一定要泡茶表示敬意。“柴米油盐酱醋茶”，“茶”，是宜兴人生活中必不可少的元素，不仅滋养了宜兴人的身体，更润养了宜兴人的人文情怀。

阳羡茶，让草长莺飞的江南小城，有了风雅的韵味，而紫砂壶，又使这份韵味更为高雅。“竹林深处虫啁啾，晚霞满天鹭双飞。”这种时候，正是泡茶的好时光。取出珍藏的紫砂壶，烧水，洗盏，养壶，泡茶，一道道工序做下来，壶中茶空了，心中宁静了，任茶香在舌尖慢慢绽放。俗人或是雅客，在泡茶养壶的过程中，都能宠辱皆忘，甚而感受到一些生命的真趣。但无论雅俗，紫砂壶始终带着与生俱来的泥土气息，朴素温润。它代表了宜兴人做人的本色，淡定从容，大智若愚；更体现了一座城市的底色，淳朴自然，厚重内敛。

当你走进奇石嶙峋的善卷洞，大自然的鬼斧神工，迷人的传说典故，定让你流连忘返。国家4A级景区善卷洞是“梁祝文化”的发源地和国家级文明景区，是世界三大奇洞之一，那是我们学生常去参观和游玩的景区。它雄伟壮观，奇异天成，由上、中、下和水洞构成，飞瀑流水，钟乳密布，奇观胜景比比皆是。一个岩洞里蕴含着如此丰富的景物，如水晶宫般迷幻离奇，并能区分出春夏秋冬四个季节，大自然的这般奇思妙想怎能不让你惊叹莫名？后山的蝴蝶泉边，山花烂漫，彩蝶纷飞，当年梁山伯与祝英台择此仙境临风而读，该是多么惬意！

当你步入龙背山森林公园，登上108米高的文峰塔，宜城氤氲、西氿胜景、铜峰秀色和太湖烟波尽收眼底。太湖西岸的丁蜀镇兰山，山脊突入太湖，山嘴潜入水中，形成一条水下石岗，通到远处一个露出水面的被称为“兰座”的小岛。坐在岛上的揽胜亭内，只见湖面时而烟波四起，雾海茫茫，时而波光粼粼，犹如太虚幻境。太湖烟波妙不可言！

东氿、西氿、团氿，如镶嵌在宜兴的三颗璀璨明珠。她们是宜兴山水城市的点睛之笔，更是宜兴人的骄傲。当你站在云溪桥上往东远眺，平静的团氿，就像一面硕大的银镜，一群群水鸟掠过湖面，漾起一圈圈涟漪，在阳光下一闪一闪，晃了你的眼，拨动了你的心。氿的对岸是一座座高楼大厦，华灯初上，夜幕下的团氿，烟波浩渺，别有一番景象。两岸的建筑，世纪大桥的霓虹灯光，倒映在水面，宛如水中的宫殿一般，美妙绝伦。真是欲把西氿比西子，淡妆浓抹总相宜！

当你在一个明媚的深秋午后邂逅这传说中的一泓碧水——铜峰天池时，会蓦地想起齐豫那首《一面湖水》：“他们说，高山上的湖水，是躺在地球

表面上的一滴眼泪……”铜峰天池碧波荡漾，在峰峦叠翠的怀抱中，犹如一颗无瑕的蓝宝石，又如仙子遗落人间的一滴蓝色的眼泪，别有一番诗情画意。身在江南，见不着真正的高山海子，难得一见这样的“一滴眼泪”，也够惊艳惊心的！

当你沐浴在云湖的夕照里，在水波荡漾里听渔舟唱晚，在晚霞灿烂里看水鸟翩跹，何等的惬意。云湖边有“佛光祖庭”宜兴大觉寺，星云大师曾在这里出家，为了反哺宜兴，大师重修大觉寺，并赐名“佛光祖庭”。大觉寺与一般的寺庙不一样，偌大的寺院，看不到一缕香火，也没有高高的门槛。入主殿后，盘中取一朵鲜花，献于佛前，虔诚地俯身磕头。先开花后结果，花是因，果在后。在大觉寺，处处可看见这样一段段佛语：“心胸豁达开朗的人，凡事看得高远。心量狭隘自私的人，处处与人计较。”“若能转物即如来，春至山花处处开。自有一双慈悲手，摸得人心一样平。”这一句句佛语，旨在劝解芸芸众生要有豁达的心胸，凡事不必太计较，得失无须看得那么重。驻足于前，有缘之人自会深省，悟得其中的真谛，为人处事心态必会放平。若人人如此，人世间自会和谐友善。

宜兴，这座江南小城，她美丽、低调却有内涵，更有独特的人文情怀。宜兴人，秉承着优良的传统文化，用勤劳朴实的双手，把家乡宜兴建设成了“秀外慧中”的醉美“陶都”。

（董　黎）

东坡海棠花正开

自古文人多爱花，陶渊明爱菊，周敦颐爱莲，白乐天爱杜鹃，而苏东坡独爱海棠，海棠素有“国艳”之誉，可见其在群花中之地位。倘若将“国艳”来比喻苏东坡在文学上的成就，恐怕也是极相宜的。苏东坡贬谪黄州期间写下了传世名作《海棠》，诗曰：“东风袅袅泛崇光，香雾空蒙月转廊。只恐夜深花睡去，故烧高烛照红妆。”他写海棠的诗文作品还有很多，比如，《寒食雨二首》《寓居定惠院之东，杂花满山，有海棠一株，土人不知贵也》《记游定惠院》等，这些诗文无不写尽了对海棠的赞美、怜惜和珍爱。

苏东坡不只爱海棠，也种海棠。北宋元丰六年(1083)二月，宜兴邵民瞻新宅落成，苏东坡应邀前来祝贺，书“天远堂”匾相赠。次年，苏东坡携一株自蜀中带来的西府海棠再访旧友，恐其栽种不得法，亲手种植于院内，而这，正是宜兴东坡海棠的由来。清史夏隆《永定海棠记》明确记载：“东坡乞居阳羡，携其花至，而天远堂主人邵民瞻与之游园，传其种，而宜邑始有西府海棠……”

苏东坡一生宦海浮沉、颠沛流离，因上书直陈新法之弊病而开罪新党，无奈自请出京；元丰二年(1079)，因乌台诗案锒铛入狱，几乎丢掉性命；元丰八年(1085)，宋哲宗即位，苏东坡又因抨击当时重执权柄的旧党无奈再次外调；后来辗转各地，及至一叶扁舟将62岁高龄的苏东坡送至荒凉无极的儋州……而他手植的那株西府海棠与他的命运何其相似，也历经风雨，屡遭水火。南宋初年，金兵南侵，邵氏故居被焚，“天远堂”匾亦遭损。1952年，东坡手植的西府海棠主干被台风刮断，所幸此海棠生命力无比顽强，又重现昔日风采。

1980年，美籍华人邵品焽博士第一次回国讲学探亲时，建议恢复海棠园。1982年，经邵氏后裔邵伯棠先生奔走呼吁，宜兴县人民政府下拨专款，再加上海外乡贤邵品刚、邵品焽等捐款，在海棠树周围构筑围墙，辟为海棠园。由著名书法家林散之题写园名，满族书法家沙曼翁书“海棠千载好，天远万世荣”楹联。并在院西北角建平房两间，内悬“天远堂”匾，室内陈列苏东坡在宜兴的各种史料。为争创全国文化历史名城，2008年8月，市政府拨款20多万元进行修缮，园门由西移北，浇

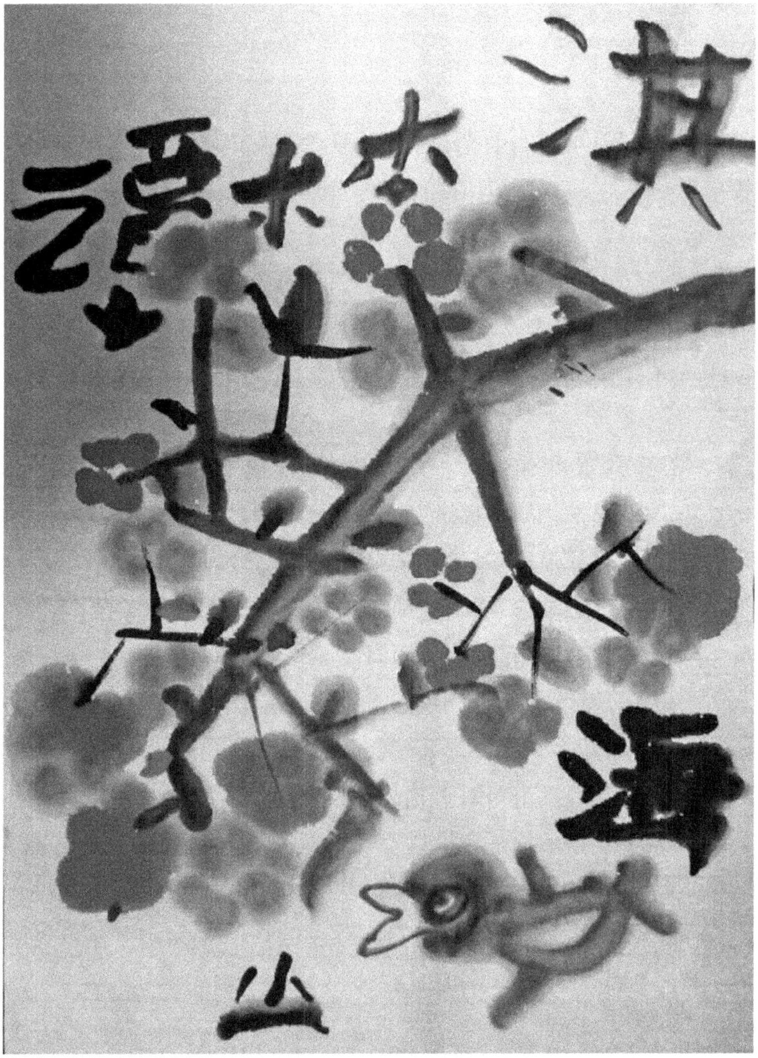

注水泥路直通海棠园。

东坡海棠，现位于宜兴市闸口镇永定村东隅，1983 年 6 月，宜兴人民政府公布其为县级文物保护单位。该海棠虽已历千年，却生意盎然，枝叶满院，高比屋肩。其一树数枝，遒劲曲折。每年暮春时节，这青瓦小院中海棠花开，灿若朝阳，方圆数里，暗香浮动，荡气回肠。而苏东坡的人文精神、诗词文章何尝不是如此——生机勃勃、华彩辉煌，千百年来为人们奉为经典，传诵不绝。

今年暮春时节，我又来闸口观赏东坡海棠，海棠花开娇艳动人，却无一丝飘散四周的浓香。远处望，只见它们争先恐后，簇拥着向枝头顶端开去。在贝壳状的绿叶衬托下，它们又有另一种情趣，不再是雍容尊贵，既如玫瑰那样妖娆浪漫，又如百合那样纯洁、高雅。走近品，才发现，原来那肉质般的花瓣片片重叠，层次分明。朵朵海棠迎风峭立，花姿依旧明媚动人，楚楚有致。听附近村民说，这株海棠开花的过程中每个阶段都有它独特的魅力。未开时，花苞红艳，似胭脂点点；初开时，若开若合，如羞红脸的姑娘；开后，渐变粉红，像日暮红霞；落时，有如淡妆素粉。要问我为何如此痴爱，只因它那争艳向上潇洒的身姿。那灰褐色的树皮是多么厚实，树冠展开，仿佛一位慈爱的母亲为孩子们展开的一座舞台。

从古至今，多少人为海棠花挥洒着笔墨。“只恐夜深花睡去，故烧高烛照红妆。”夜阑人静，大文豪苏东坡满怀孤寂前来与花相会。月光下，海棠花艳丽的芳容不减。此时，苏东坡顿生怜意，怎忍心让它独自沉睡在昏暗幽静的深夜之中？我想，以海棠这旺盛的生命，怎会轻易睡去？明日，枝头挺立的依旧是海棠的明艳！

东坡海棠园，墙外风雨墙内树，落叶飘飘送华年。君不见这海棠铁杆铜枝，屈节回环，伤痕斑斑，曾经多少辛酸仍挺身向天。

在新时代背景下，在习近平新时代中国特色社会主义思想的指引下，古老的宜兴正在焕发出最美的光彩，宜兴的未来，一如这东坡海棠开！

（徐美琴）

宜兴的节场

宜兴位于太湖之滨，物阜民丰，是富庶的江南鱼米之乡，这里有丰富的文化底蕴和民风民俗，节场便是一个重要的民俗盛会。

每年春节过后麦收之前，宜兴各地的节场就如期而至。特别是官林地区的节场更是密集，稍大规模的乡镇都有安排。如公历 3 月 8 日的新建节场，农历二月三十的官林节场，农历三月初三的新芳节场，农历三月初六的杨巷节场，农历三月初八的新建闸上节场，公历 5 月 1 日的新建庄林节场，农历三月廿八的丰义节场，农历四月初八的韶巷节场，等等。

节场的由来不一，有的是为了弘扬名人的美德，如官林的节场据说就是为了纪念乐善好施、清正廉洁的任昉。每年的农历二月三十，附近的乡邻甚至周边一些县市的百姓都会聚集到官林来参加一年一度的节场。人们带着“赶集消灾”的美好愿望，从四面八方赶来，节场的规模之宏，人气之旺，影响之广，在江南地区一时无两，官林节场也被称为江南各类节场之魁。

传说官林节场起源于古临津荡庙会，庙会最初是为纪念宜兴太守任昉的，最早始于南北朝，距今有 1500 年之久。据说任昉在宜兴任太守期间，恰逢临津荡荒年，任昉开设粥棚，用自己的俸米煮粥施舍，粥棚绵延数里并安置灾民。后人念其功德，在荆溪河北岸临津荡畔古临津渡口，当年任昉搭粥棚的地方建了太守庙宇，时称临津庙，俗称城隍庙。

每年农历二月三十任昉生日这天，四方乡民云集进庙上香，纪念任昉，祈福一方平安，后来逐渐形成了远近闻名的临津庙会。1952 年，政府部门顺应民意，将交易市场迁到官林镇，临津庙会更名为官林节场。

而像新建的 3 月 8 日，庄林的 5 月 1 日的节场就是约定俗成。是由当地百姓申请，政府批准，进而昭告天下，由此拉开了盛宴的序幕。

我是新建人，儿时对节场的渴盼胜过春节。每个节场都有固定的时间地点，在网络和交通都不发达的年代，这样的节日无疑具有极大的吸引力。它集贸易和娱乐于一体。提前一至两天，各地的商贩就会纷纷到来。街头巷尾，公路两旁，搭起了各色的临时摊点，绵延数里，蔚为壮观。摊点上有价廉物美的各季衣服，有全国各地的特色美食，有别致新颖的小玩意儿，有各种各样的农副产品，还有刺激好玩的娱乐活动，人们各取所需，盛况空前。节场当天，河中船只穿梭如织，路上行人纷至沓来，街上人群摩肩接踵，各条阡陌小径，宛如一条条彩色的绸带，挤满了涌向节场街道的人群。而午饭之后是街上最为热闹的时辰，人们酒足饭饱之后，都来节场现场挑选自己中意的商品，感受节场热闹的气氛。记得我小时有次赶节场，竟然双脚凌空，被拥挤的人群带着向前移动了数十米，方可落脚。

节场当天，学校停课，工厂也尽最大可能给工人放假。在外工作、生活的家人纷纷赶至家中，因为节场当天，总有沾亲带故的客人到场，各家准备了酒肉饭菜招待。远道的客人干脆提前一两天赶来住下，持续数日的逛街，看戏，觥筹交错，谈天

说地，好不热闹。

甘蔗是节场当日的畅销品，赶节场的人们从街头挤到街尾，一路的暖阳高照，讨价还价，呼朋唤友，每个人都鞍马劳顿。削一根甘蔗边走边嚼，满嘴清甜的汁水，不仅消暑解渴，更是一种享受。更多的人会带一两根甘蔗回家给没能亲临现场的家人，价廉物美，其乐融融。节场过后，现场遍地的甘蔗的渣、皮，记录着当时的盛况。

以现在的眼光来看，传统的节场形式过于单一。盛况空前已留在了许多人儿时的记忆中了，城市化进程日益加速，网络的广泛普及，还有举办节场的脏、乱、差，影响交通等问题使各地的节场大规模萎缩。时代迫切需要节场注入现代化的元素，使它焕发出青春的魅力。

宜兴芳桥的“目连节”就给传统的节场注入了新的活力。它以“忠孝芳桥”为主题，准备了丰富的活动。如“观水上表演”是目连文化节的亮点之一，“中国宜兴摩托艇大奖赛”吸引着十多万人前来观看。以“宜兴大食代，芳桥好味道”为主旨，设非遗文化美食一条街，展示宜兴、芳桥特色美食。“传忠孝之风”寻求孝道楷模，彰显孝亲精神，评选了宜兴的孝子贤孙。“听净水禅音”通过举办禅文化主题书画展等活动，加强禅修文化交流。“访培源故里”，开通游览观光专线，接送游客到目的地参观，并在观光车上配备导游负责讲解，带你领略一代宗师的光辉人生。“登阳山访古”游览周处试剑石、草鞋墩，登上阳山顶，放眼远眺，放松心情，也是极好的。同时，活动期间，举办方还准备了戏曲、武术、朗诵、书法、旗袍秀、茶道及古琴表演、环跑阳山荡等各式各样的节目，使芳桥的节场精彩纷呈，再现了宜兴节场的盛况。

在经济相对发达的今天，举办节场的当地政府，就如何弘扬当地文化，促进当地经济发展，打造当地特色品牌上下足了功夫，宜兴的节场也再次焕发出了青春的魅力，有内涵的节场深深地留在了每个宜兴人的心中。

（史良华）

渎上百合情

太湖西岸有座美丽的城市——宜兴，宜兴城区东面有条百合大道。虽不知大道真正命名的来历，但我想十有八九与其沿路盛产百合有关吧。宜兴百合与兰州百合、龙牙百合一起，为我国现代三种实用型百合。宜兴百合含有多种生物碱及淀粉、蛋白质等成分，具有滋阴补肾、润肺止咳、宁心安神等功效，能起到人参的部分作用。因此，百合在宜兴渎边路旁大量种植，并享有“太湖之参”的美称。

小时候的我并不知道百合有那么多功效，记得最早接触百合时还闹了个笑话。大约五六岁的时候，一日傍晚，我从外面玩耍回家，看见母亲正坐在门前小板凳上把一整个百合一瓣一瓣剥开。我好奇地伸手拿一瓣仔细看了看，嚷道：“这大蒜头好大呀，一定很辣吧？”母亲听了咯咯直笑：“傻丫头，这哪是大蒜头啊，这是渎上的百合，很好吃，可补呢，等会烧了汤给你吃。”母亲去厨房烧煮时，我早早地趴在饭桌上，巴巴地盼着百合汤。“百合汤来啦！”随着母亲一声呼唤，我欢欣雀跃，连汤带百合舀起一汤匙急切地送进嘴里。原以为母亲说的好吃肯定是甜甜的、香香的。哪曾想一入嘴苦滋滋的，我立马皱眉大喊：“骗人，太苦啦！”并一股脑儿全吐了出来。母亲见状，立马呵斥：“这么好的东西，怎么就糟蹋了呢，你再放点糖试试？”只见母亲又加了满满一勺糖，我先嘬了一小口汤，感觉有点甜了，便又舀了一小匙百合送进嘴里，咬开百合可还是觉得有些苦，因为母亲紧盯着，我只好硬着头皮皱着眉咽了进去。不过，从此后，不管是自家的饭桌上，还是外面的酒席上，我再也没去碰百合了。

再接触百合，是女儿大一时，七月初刚放暑假那会儿。女儿大学的教授带着几个学员沿路采风途经宜兴，在新芙蓉酒店就餐闲聊时，教授谈起几年前，吃到了宜兴洋溪渎上的百合，夫人如获至宝，至今念念不忘。夫人不但烧了百合粥，还用百合做成了其他美食：银耳百合莲子羹、红枣山药百合米糊、西芹腰果炒百合、梨子百合菊花饮等。听教授如数珍宝地畅谈夫人用百合制作的美食，老公轻声对我说：“一会儿买几箱百合让教授带去吧。”我接过话茬说：“好啊，我们住的家和小区边上有个特产店，一会就买那儿的百合吧。”老公立马否定“不行，要洋溪渎上的新鲜百

宜兴百合润肺止咳
叶思含

合才好吃，买那儿的吧，正宗！”考虑到饭局后教授便要离开宜兴去风景区写生，而去洋溪渎边一个来回要有段时间，正发愁间，猛然想起有个师范同学辞去教师工作后在渎边工作，不过毕业后好几年了没怎么联系。时间紧迫，容不得多想，我试着拨通了同学电话……当同学载着几箱百合匆匆赶到酒店时，真的好感动，感动于这淡淡的百合香弥漫着浓浓的同学情。因了这份情，抑或教授酒桌上谈到百合的诸多功效和美食，我渐渐地对百合有了好感，开始尝试着吃百合了，也慢慢习惯了百合的味道。

上个月初的某个中午，突然接到一个陌生电话，原来是学生家长打来的，告诉我她上午去山里，带了箱百合放在我居住的小区门卫处了，记得去拿。这孩子我已经一年多不教他了，家长居然还惦念着我这个老师，顿时一股暖流涌上心头。这洁白纯净的百合，一如明前清茶清冽爽口，触动了我内心温柔甜蜜的一角。人间最美的味道就是这种平淡的欢乐，我享受着这最美最真的欢愉，顿时当老师的幸福感爆棚。

许是教惯了小学，养成了孩子般好奇爱问的习惯。当我把百合拎进家门时，对着爱人嘀咕：“怎么百合长山里了，不在渎上？”爱人听了笑着说：“现在生活水平越来越高，懂养生的人多，百合作为滋补食品需求量大了，山里人到渎上取经，把渎上种植百合的技术推广到山里了，正常的啊，有啥稀奇。再说了，我老爸你阿公，年轻时在芳桥也种过百合呢。”我将信将疑地拨通了老爷子的电话，围绕百合这个话题，急切而好奇地问这问那。老爷子娓娓道来，乐呵呵地详细介绍了百合种植、生长的过程，话语里满是骄傲。说他年轻时种过百合，还是一把好手。最多一次居然收到十多担百合，到过年时用船载到上海卖了个好价钱呢！还告诉我那会儿种的百合地里施的是黄豆、豆饼、猪灰，不像现在施的是化肥。由于百合生长期长，田里还常套种西瓜呢。八十多岁的老爷子兴致勃勃聊种百合之事，我断定他讲的大多是实话，但有一点我还真有点怀疑，老爷子说整片百合地里，难得能见到百合花。这与我想象中的一枚百合一株花大相径庭，于是萌生了去百合地一探究竟的念头。

那日傍晚踏进百合地，已是夕照时分，太阳的余晖将田地染成金色。放眼远眺，大片大片的百合地里，百合杆子油亮亮地铺向远方，耳边不时传来风吹百合叶的沙沙声。我努力搜寻着，终于在田的尽头发现了几株百合花。正欲前往细细观赏，蓦然间一幅温馨画面映入眼帘。百合田间小道上来了一对老人，也许是百合田的主人，也许是像我一样来田间寻花赏花的。夕阳下老人缓步前行，风吹起他们的白发。老爷爷坐在轮椅上，老太太俯身倾听，他告诉她这花，那草；告诉她田间飞掠的小鸟；告诉她今年又是百合丰收年……感动于这对老人，她因病失明，他便是她的眼，他因病瘫痪，她便是他的脚，一切风景都在老爷爷的娓娓道来中。她幸福地倾听，一脸惬意。爱，更多的是相守与陪伴，漫漫人生路，途中再美的风景，也需一人与你共同欣赏。老太太的幸福是老爷爷给予的，老爷爷的快乐是因为有老太太的相伴。人间有味是清欢！这对漫步的老人相依相偎，不离不弃，执子之手，与子偕老。这儿有花作证——百合花，百年好合！

（宋淑春）

马踏时代风雷　墨染一身傲骨

时光的犁铧之下，新泥簌簌翻飞，岁月的日历，如此迅捷地翻开了新的篇章。作为宜兴人，我们时常忆起徐悲鸿——那位不畏强权、身板挺直的国画大师。他当年掷地有声的话语："我代表我的祖国。"

身处伟人的家乡——宜兴，作为华夏薪火的传递者，面对天真烂漫的小学生，我们珍惜这份宝贵的资源，不遗余力地建设学校水墨特色文化。每当陪伴学生，在学校悲鸿园中开展形式多样的活动，面对孩子们专注的眼神和执笔勾勒浸染的场景，老师们就感觉徐悲鸿精神顷刻间复活了。

站在目光深邃的徐悲鸿雕像前，我们给学生介绍家乡的这位名人，讲述他抗战时期漂流异国、勤奋不息的故事；讲述他赢得巴黎艺术学院大师达仰的欣赏，他斥责侮辱祖国的洋人的故事；讲述他用事实证明中华儿女的才气和人格，让他们心服口服，为之折腰道歉的故事。尽管隔着厚重的历史帷幕，孩子们依旧能够感受到大师那黄金般贵重的品格，在童心中烙印下勤奋苦读、爱国爱乡的高尚气节，身为宜兴人的自豪和自信瞬间被点燃。

《八骏马》《风雨鸡鸣》《奔马图》……我们上美术鉴赏课，面对先生的一幅又一幅作品，横亘在徐悲鸿和学生之间的时代障壁越来越薄。新时代"生命教育""素养教育"的春风，融合在社会主义核心价值观的时代旋律里，以画载道，以画养品。在老师的教导之下，孩子们笔墨涂抹、淡彩点染，既描绘祖国和家乡动人的景象，更把美好品德、美丽愿景诉诸笔端，流淌于画卷。或许，他们的作品还显得稚嫩，还很不深刻，但那明亮的眸子和参与的热情，使我校宜兴特色教育的场景显得如此立体而生动。身为教育工作者，目睹此情此景，我们内心溢满激动和欣慰之情。是啊，斯人已经逝去，校园里，徐悲鸿的雕像却站成了新时代最温暖的教育剪影。

小学生是稚气的，但他们人小心不小，有着最为纯净的灵魂，有着探问一切的渴望。"老师，为什么徐悲鸿先生画的马儿都没有辔绳呢？"我告诉他们，在先生的心目中，笔下的每一匹马儿都是生命，都是马踏风雷的时代儿女象征，他们拥有踏平坎坷荆棘的决心，没有什么可以束缚那种凌云壮志。"为什么大公鸡立于石上，

我画徐悲鸿的马
表达对他的敬仰之情
董卿舒画

挺胸仰望天空长鸣,旁边还要画竹子呢?”我们耐心地点拨,引导孩子们思考,领悟黑暗时代带给作者的满腔忧愤,他和众多的英雄儿女就像这只大雄鸡,坚贞不屈地向天高歌,渴望唤醒沉睡的同胞,迎来解放的黎明。

我们努力让学生感知徐悲鸿的中华风范,让悲鸿园成为颇具特色的社会主义核心价值观的育人环境。用图文并茂的方式让学生时时刻刻关注和感知徐悲鸿精神的时代特色。学生逐渐懂得:徐悲鸿先生最酷爱的“奔马”画作系列,彰显战火纷飞的峥嵘岁月下中国人奋蹄前进的风骨;而作于抗战时期《风雨鸡鸣》图,展示出“风雨如晦,鸡鸣不已,既见君子,云胡不喜”的爱国激情。孩子们时常伫立于前,感受其中的雄健气势,回味老师所讲授的“雄鸡一唱天下白”的抗战历史故事,在心中埋藏下好好学习、为民族富强而奋斗不息的种子。

徐悲鸿大师无疑是伟大的,作为他家乡的一所学校,我们拥有独一无二的校园文化。这是一种得天独厚的地域特色,这是一种贵重无比的历史馈赠,这是一种教化人心的力量源泉。我们深知,对于悲鸿精神,仅仅铭记在心还远远不够,还应当“从娃娃开始”。我们带领学生参观徐悲鸿纪念馆,成立“阳羡少儿国画院”,开展水墨画社团学习,用图文并茂的方式宣传徐悲鸿精神,还在传统节日和艺术表演活动中渗透这一主题。孩子们从徐悲鸿大师身上不仅学到了绘画,学到了持之以恒的精神,还学到了“为中华崛起而读书”的情怀。徐悲鸿的大师风骨永远留存于荆溪大地,回荡在阳羡山水之间。

铁骨柔肠悲鸿情,笔墨纵横民族心。遥想当年,一代才子徐悲鸿从宜兴这块土地上走出去,到巴黎求学苦练,回归祖国后唤醒国人。他用笔墨点染风骨,让时间见证一切,国画艺术就是他的战场,笔墨纸砚就是他的武器。与此同时,他对同胞却又是那样的慷慨大方、谦卑有礼,只要有人求画,他必定不会拒绝,弟子为谋生计拉车,他依然给予鼓励。难怪后人用这样一句话评价他:人不可有傲气,但不可无傲骨。

悲鸿园里,依稀可闻马蹄声声,在我们的校园中,水墨就是最鲜明的特色,我们渴望把徐悲鸿的故事留在学生心底,让徐悲鸿精神陪伴孩子发展与成长。我们深信,徐悲鸿的精神是华夏历史中精彩的一笔,作为他的后人,又沐浴着新时代中国特色社会主义的光辉,孩子们可以站在巨人的肩头,踮起脚尖,看得更远,走得更好。

(李联璧)

一方山石钱松嵒

宜兴人杰地灵，名人辈出。宜兴的书画之风更是兴盛不衰，诞生了许多集大成者，如徐悲鸿、尹瘦石、吴冠中、钱松嵒等，宜兴是当之无愧的“书画之乡”。

钱松嵒，1899 年出生在“阳羡山水甲天下”的江南小城宜兴。家乡有“鹅溪”环抱，有㘭山、安乐、琅玕诸山抚爱，秀美的山川深深滋养了他的心田。幼年时期，他的家境虽不富裕但书卷气息浓郁，祖父、父亲均以教书为生。他八岁随父学习诗、文、书、画，由于自小耳濡目染，每每有人来访，与父亲联句属对，论书评画，他都默默地旁观着，心领神会。受父亲影响，童年的钱松嵒对绘画的兴趣越来越浓。白天牧羊时，他爱坐在草地上长时间静观秀美山川，如入醉境；炎夏的夜晚，他善于独处室内，无视蚊虫叮咬，抹汗挥毫，早早练就了艺术的童子功。他这般如痴如醉地学，人家称他为“小画痴”。钱松嵒爱家乡，也爱画家乡。村头、水滨、田畔、林下，满是诗情画意。每远游，也不放松绘画。有次，他随祖母去金坛县城，舟经洮湖滨古龙山下，帆飞一撇而过，归而画出，得到了祖母的赞许。又一次，他随舅父首次去无锡游玩，归来后画出五里街以及锡山一段风景，舅父笑着说：“你把无锡搬回家了。”

生活无处不艺术。作为我国杰出的国画艺术大师，钱松嵒的一生横跨两个世纪，经历晚清、民国、中华人民共和国的社会剧变，历经辛亥革命、抗日战争、“文化大革命”等诸多政治巨变的人生洗礼。他不仅敢于直面人生的现实，更是以自己的学识和智慧创造了代表时代的艺术。1918 年，钱松嵒考入无锡江苏省立第三师范学校，受胡汀鹭影响，钻研传统画艺，并接触西画技法，毕业后在无锡美术专科学校教山水画和诗词课。之后，他又临摹唐寅、石涛笔法，但不拘泥于形式，而强调骨法用笔，喜用“颤笔”，雄浑古拙、气势磅礴；在色彩运用上更是大胆突破、五彩斑斓，集宋、元、明、清各家之长，融会贯通，自成一格，令人过目难忘。1929 年，他创作的《寿者相》《山水》等参加第一次全国美术展览，一时传为美谈。1957 年后，钱松嵒历任江苏省画院画师、副院长、院长，中国美术家协会江苏分会副主席，江苏美协名誉主席，中国美术家协会常务理事、顾问，全国人大代表等，多次举办个人画展。他

洞天福地
石子墨

的代表作有《红岩》《常熟田》《三门峡》《三峡灯》《陕北江南》等。

钱松喦的山水画艺术作品，意境深邃，含蓄灵动，极富生活情趣；构图稳中求变，变中求精；笔墨浑厚苍茫，气势撼人，具有浓烈的民族风格和深情的韵味。其创作抓住三要素：整体气势、地方特征、时代精神，作品中饱藏了炽烈的爱国热情，笔下的山峰、屋舍、树林都焕发出生命活力。钱松喦通过将自己的主观心境与客观事物相结合，以心造境、以手运心，借景抒情，达到情景交融的美好境界，引起欣赏者共鸣，使欣赏视感为之一新，心灵为之一震。宋代郭熙在《林泉高致集》中写道："石者，天地之骨也，骨贵坚深而不浅露。"山石见证了天长地久、白云苍狗、碧落黄泉、沧海桑田，其轮廓、形状、纹理，都是经过自然风雨千百年的打磨雕刻形成的。有形的山石被注入了时间、历史、情感的灵性与力量，也由此具有了生命，产生了灵魂，这样的灵石必然受到人类的信仰与崇拜。钱松喦的画作真实体现了中国山水画精神之骨——山石。山中之石，志存高远。

真正的画家总是把美的东西奉献给社会。作品的意趣、情感和力量所激发的美感效应，是蕴含着丰厚的精神潜流的感性生命体，这生命体的灵魂便是创作者思想情感的陶冶和对生活及客观事物的深刻认识、理解。1960 年，钱松喦任江苏省国画院副院长之时，与傅抱石等一道，进行了两万三千里长途写生。当他来到重庆红岩村时，被革命者的革命气魄深深打动，当场勾画了几张写生。此后的三年里，他三番五次修改画作，最终敲定以"红"为画眼，把黄土坡夸张成红色巨岩，让历史与现实浑然契合，讴歌了血雨腥风中的红岩村革命者大无畏的英雄气概。此幅作品兼具强烈的视觉图式和精神图式，那画面、色彩、线条交织的绘画诗章，呈现出真善美的境界，让读者品味到钱松喦先生对艺术的领悟，对生活的感受，对美的不懈追求和探索精神。她的诞生，具有鲜明的时代烙印，标志着传统文人画被真正改造成"新中国画"，深深地打动着每一双慧眼，震撼着每一颗心灵。如今，《红岩》已成为中国现代绘画史上标志性的作品，钱松喦的名字和代表作《红岩》在全国美术界几乎尽人皆知。

透过钱松喦的艺术作品，你会感受到一种从不衰退的内在律动——炽热的赤子之情。钱松喦作为"新金陵画派"的代表画家之一，以精湛的传统笔墨技巧融合时代特征，呈现出个性强烈的"钱氏山水"样式，在 20 世纪新中国美术史上留下了浓重的一笔。毋庸置疑，他是置陈布势的构图高手，在笔墨语言上，从古法的笔情墨趣，到生活实景的朴实描绘，再到拓展色彩和笔墨的融合、升华，终成浑厚华滋，苍古斑驳，金石味浓厚的艺术风格。

人生有涯，艺海无涯。年至耄耋，钱松喦先生勤奋之习未改，探索之心不息。

他的艺术人生别样精彩，书卷不释手，书法不离手，诗句常在口，丹青频出手，完美地诠释了社会主义核心价值观的“爱国、敬业”。他意重深长地教诲后人“人可老，画不可老，要日日新。”

一方山石——高山峻石，志存高远，钱松喦先生是也。

（邱　琴）

那山那水那人

太湖西畔的宜兴是陶的古都，锦绣江南鱼米之乡。千百年来，吴楚文化和中原文化在这里交汇，形成了独特的阳羡文化，孕育了一大批文学、艺术等方面的人才。吴冠中，便是艺术这朵花中最美的一瓣。

吴冠中1919年出生于江苏省宜兴县闸口乡北渠村，这是一个典型的江南水乡，人们主要依靠种稻、养蚕、捕鱼生活。江南出才子，家乡宜兴更是才俊辈出之地。

吴冠中的父亲是乡村小学的教师，又是下田劳动的农民。而他的母亲，是一位大家庭破落户出生的文盲。这样的家庭构成，让吴冠中自小有书卷气，同时也有母亲身上遗留的“破落贵族气”，甚而还有农民父亲身上的质朴气。这些气息混合在吴冠中身上，形成了吴冠中独特的个人魅力。

吴冠中六岁时，父亲在吴氏宗祠支持和委托下创办了私立吴氏小学，并由吴氏宗祠会计转为吴氏小学校长，吴冠中成为这所以吴氏祠堂房舍为教室的第一届乡村小学的学生。据吴冠中回忆，这所学校，“连父亲三个教员，两个年级合用一个教室上课，学生是一群拖鼻涕的小伙伴。”彼时的吴冠中，与艺术全无缘分，终日捧书，一心向学。小学毕业后，他考入了和桥镇上的鹅山高小，住到离家十里的和桥。

小小年纪，一切都要自理，这在当时的寄宿学校，几乎是常态。这个多子之家的长子，在离家十里的高小，处理起自己的个人生活来丝毫不觉有压力，学习成绩也十分理想。三年后吴冠中如愿考取了无锡师范，他却改而投考了浙江大学。

1934年，吴冠中考入浙江大学。凭着自己的聪慧和勤奋，连年免去了学费，还一直拿着江苏师厅的奖学金，这让贫困的他可以攻读电机专业。正当他高兴万分时，人生的转折点出现了：老师米拉群带着他去参观杭州博物馆，建议他攻读美术科，但是当时美术科专业比电机专业低了一个档次。尽管如此，在校长的帮助下，他不顾亲朋好友的反对，毅然选择了美术科，开始了自己的美术生涯，并于1946年获得全国绘画专业第一名的成绩，取得了巴黎国立美术学校的进修资格。

学习中的吴冠中刻苦得近乎疯狂，他常常把课程排得满满的：早晨，他去卢浮宫临摹名画，参观博物馆等展览，连书店、画廊以及旧书摊也是吸引他的地方；晚上到法语学校补习，或者大茅屋画室画人体速写。时间排得很紧，有时都来不及吃饭，他便买巧克力夹心面包，边吃边跑。他废寝忘食，夜以继日，却仍然天天精神抖擞，意气风发，四处奔走。

1949 年，他毅然放弃国外优越的生活、工作条件，回到了祖国。回国后的吴冠中更是拼命速写，绘画，跑遍了大半个中国。清晨独自身背画夹，挑着担子，啃着饼干，走到河边，整个身子趴在河边喝水，待吃饱喝足站起来，便见他满身泥土，破破烂烂，蓬头垢面，就像个叫花子，只是那双眼睛闪着奇特的亮光。再见他时，已经坐在峭壁上，要不就是树顶，再不就是险峻的高坡，正一门心思地痴迷山水景物，沾满血与泥土的手灵巧地描绘着。为了抓紧时间，他往往把未干的油画扔进画箱，自己也随着一起滑下山坡去，再换个地方继续作画。

吴冠中眼睛不大却炯炯有神，像一对宝石镶嵌在那张消瘦而沧桑的脸上，那深邃而敏锐的目光审视着世间万物。他是写生最多的画家，为了写生，他可以像猎人一样，深入幽静的山林追赶老虎，也可以爬到高高的山峰上打草稿。野外写生很辛苦，有一回他在贵州一个小村庄写生，那里条件不好，到处都是厕所和猪圈，苍蝇满天飞，他却能安安心心地坐在那里。周围的儿童看不懂他的画，就去数他背上的苍蝇，居然数到八十一只苍蝇，真是太专心了！

七十多岁的吴老有一次被邀请当评委，他准时来到了会场。第一轮淘汰不好的作品，那些粗劣不堪的作品自然被淘汰，但形式不错的也会有同样的命运。每每看到模仿评委老师画风的作品，评委都会心一笑，所有仿作一概落选。因为吴冠中的要求是："自家真情，勿效东施。"第二轮评选，吴老亲自上阵。七十多岁的老人瘦小的身影淹没在几百幅画作中。只见他时而近看，时而远观，有时更屈膝下蹲，认真审视每一幅作品，并且还不时要在小本子上记录，忙碌了整整一天。吴老的严谨细致真是让人钦佩。

吴冠中老年时还做过一件被海内外人士称为"烧豪华房子"的事。他整理家中的藏画，将自己不满意的几百幅作品全部毁掉。要知道此时吴老的画作已经被拍到几千万一幅。他的行动只有一个目的：保留让明天的行家挑不出毛病的画。由此事可见吴冠中不仅对人对事严苛，他对自己更是严苛。

一方水土养一方人，一方人有一方风情，在兹念兹，尽是故土。如吴老所说：我一辈子总在画江南。吴老笔名为"荼"，诗经有云：谁谓荼苦，其甘如荠。人生苦则苦矣，却也要奋发向上，历经诸般艰辛，吴老给世人留下的精美画作和璀璨文章，又岂是再多的甘甜可比？伟哉斯人。

（陈亦琴）

阳羡第一人物——周处

在美丽的团氿湖畔，有一尊高大威武、栩栩如生的塑像，只见一位肌肉发达的壮士正手持利剑，勇斗水中蛟龙，他就是阳羡第一人物——周处。

孩提时代，我虽听说大人们讲的《周处除三害》的故事，但那时似懂非懂，颇为好奇。一直到中学时，我读到了一篇选自南朝刘义庆《世说新语·自新》上的文言文《周处》，便真正知道了其人其事。

周处年少时，为人凶恶武断，为祸乡邻，与义兴（宜兴）水中蛟龙、南山猛虎并称为"三害"，而三害当中周处为害尤甚。有人用计劝周处去杀死猛虎、蛟龙，实际上是希望三害自相残杀，两败俱伤，以削弱其破坏力。周处不知是计，但凭一腔血勇，立即上山刺杀了猛虎，又跳入水中与蛟龙搏斗。蛟龙在水中或沉或浮，漂游出数十里远，周处紧紧追击。经过三天三夜，百姓们都以为蛟龙和周处一并死了，无不额手称庆。而周处竟杀死了蛟龙，破水而出。当他听说乡人以为自己已死，表示庆贺的事，才知道大家也把自己当作一大祸害，故萌生悔改之意。于是他到吴地寻找陆机、陆云这两位当时东吴的名士。周处把全部情况都告诉了陆云，并说："自己想修身改过，可岁月已荒废了，怕最终一事无成。"陆云说："古人重视道义，哪怕是早上明白了道理，晚上死去也便甘心。况且你的前途还是有希望的，人就怕立不下志向，何必担忧好名声得不到传扬呢？"周处于是决心努力改过，重新做人。

几年以后，周处学识大长，乡里称道，经州、府推荐，任东吴东观左丞。晋平定吴后，调新平（今陕西彬县）太守，继任广汉（今甘肃文县）太守，任内"断三十年不决之狱，人心感佩"。后升任散骑常侍、御史中丞。周处不畏权势，不避嫌怨，直言敢谏。梁王司马彤违法，朝臣无一敢言，他据理上奏弹劾，使梁王受到惩罚。元康六年（296）八月，氐族元帅齐万年率氐羌族 7 万人起兵反晋，梁王等权贵"恶处刚直"，欲置处死地，便乘机推荐周处出征。冬十一月，朝廷便以周处为建威将军，梁王为征西大将军，都督关中诸军，僚属孙秀深知周处此去处境险恶，便私下叫周处以家母年迈多病为托词而不去，周处答以忠孝哪能两全，毅然从命。翌年正月，梁王命他率五千兵马为前锋，周处深察梁王险恶用心，当即严正指出："军无后继必败，不

周将军祠
谁劝临行以母辞 当年苦
战后人悲祗应阳羡溪头
月曾见将军射虎时
元 周砥诗一首 周昶廷 画

徒身亡，为国取耻。"说罢愤然离去，率领人马行至离敌人不过里许六陌，等待援军，岂知援兵未到，一夜间催战令却接连而来。翌日拂晓，军队尚未早餐，梁王又传令速进，周处明知此战必败，无奈军令如山，仍跃马上阵，自晨激战至暮，弦尽矢绝，援兵不至，部下劝其暂退，再作计议，周处勃然大怒道："是吾效节致命之日也！"继续挥刀策马，奋力拼杀，终因寡不敌众，力战而死。建武元年(304)冬，追认平西将军，清流亭侯，谥孝，后人称周孝侯。

"浪子回头金不换。"周处何止是"回头"，而是自新、自强，他的性格、思想、知识、精神直至整个生命，都在不断地升华之中，最终青史留名，万古流芳，不愧为"阳羡第一人物"。他是宜兴人的骄傲，宜兴人的楷模。

(唐　芬)

国山白袍将军陈庆之

翻开阳羡(宜兴)历史的长卷,我们可以看到许多历代状元、文人的名字,也可以找到许多赫赫有名的学者、教授、院士。这些人的丰功伟绩广为世人流传。然而有个人所创造的军事奇迹却鲜为人知,这便是南北朝时期的白袍将军——陈庆之。陈庆之用兵如神,有胆有谋,曾亲自训练了一支由三千人组成的精锐骑兵部队,部队着装统一为白马白袍,人称“白袍军”。当时京城流传一首儿歌是这样说的:“名师大将莫自牢,千军万马避白袍。”“白袍军”最具传奇色彩的一战便是荥阳之战,三千“白袍军”大败北魏二十二万大军。民间百姓中更流传“白袍军”刀枪不入,乃是天兵的传说。只率区区七千人北伐,竟然可以数月内一路攻破大小城池三十余座。南归途中前有堵截后有追兵,即便如此竟然还可三日连战十一次歼敌十余万,把近百万的北魏追兵打得闻风而逃。可以说,在当时北魏人的眼里,陈庆之就是神!

陈庆之不是神,他出生于寒门,是义兴国山(今江苏宜兴)人。陈庆之年少时就开始跟随梁武帝萧衍,从身份上来说应该属于书童一类。萧衍喜欢下棋,每次下总是不忍释手,通宵达旦,几近痴迷。其他侍从或者陪练早就耐不住睡了,只有陈庆之一招呼就来,从而使得萧衍免去了一个人打谱的无聊,于是萧衍对这位少年侍从格外赏识。

公元502年,萧衍定都建康,任命当时年仅18岁的陈庆之为主书,主书是个文职。所以在萧衍登基的时候,是把陈庆之作为文人看待的。据《梁书》记载,陈庆之“射不穿札,马非所便”,也说明他在勇力方面虽然不至于无缚鸡之力,但是也绝不是勇冠三军的猛将,但他从小的梦想就是有一天能够上战场,为朝廷效力。然而这一等就等了整整二十三年!等过了弱冠之年,等过了而立之年,终于在他四十一岁的时候等到了领兵的机会。

梁武帝萧衍派他前去接应投降南梁的北魏叛将元法僧。陈庆之任宣猛将军、文德主帅,并率两千人送豫章王萧综入镇徐州。这时北魏派出军队来阻挠,萧综居然乘夜离开军中投降了。天一亮,就看见魏军已经摆好阵,准备开战,魏军口中还喊着:“你们的豫章王都在我军之中,你们还打什么啊!”于是梁军军心涣散,四散而逃,魏军趁势追击,梁军损失大半,只有陈庆之亲率的部队毫发无伤。

白袍将军陈庆之 宜兴张渚人
常设奇谋 以少胜多 战功赫赫
阳羡人物

大通元年十月，陈庆之与领军将军曹仲宗联合进攻北魏涡阳，魏孝明帝元诩派将军元昭率兵十五万增援涡阳，前锋部队到距城四十里的驼涧就停下了。陈庆之见着敌军就激动，想要率先打他们一个措手不及，但是被韦放给拦下了，他说："魏军的前锋部队必定是精锐部队，我们去打，打胜了固然好，算是开门红，但要是战败，我军将士的士气就会大受打击，得不偿失，所以还是不攻打为好。"

陈庆之坚持出兵，说："他们千里迢迢而来，自然疲惫不堪，我们此时不打，难道要等着他们休整好之后转头来攻打我们吗？出其不意，攻其不备，此战我们必能胜利。况且，我听到消息魏军驻扎的地方周围都是丛林，为了安全，他们肯定不会夜间外出的，方便我们悄悄靠近。如果你们还存有疑虑，就让我独自领兵出击，若是败了，责任自然由我来担着。"

于是陈庆之率麾下轻骑二百人突袭魏军，斩其前锋，送给元昭一个漂亮的下马威。然后，两军展开了漫长的拉锯战，从春天打到了秋天，交战百余次，难分胜负，将士们都打累了。这时，传来魏军在其后方修筑营垒的消息，梁军一时军心有点动摇。韦放害怕腹背受敌，萌生退意，想要撤兵。陈庆之知道之后，就站在军帐门口，开始他慷慨激昂的演说："我们同魏军交战快一年，军粮财力耗费巨大，士兵们都没有战意，想要退回去，那我们这一年所做的都是无用功了。你们还记得当初我们为什么来这里吗？大家应该都是怀着报效祖国的理想来到这里，那现在为什么忘记了初心呢？我有密诏，你们要是敢班师回朝，我就按密诏把你们给处置了。"

陈庆之这番话，恩威并施，有效地安抚了将士们蠢蠢欲动的心，重新激起了他们的战意。当时魏军已经修建起十三座营垒，想要以此威胁梁军。陈庆之借着夜色的掩护，出动骑兵突袭魏军，连下四个营垒。镇守涡阳的王纬听闻消息后，吓到赶忙献城投降，解除了梁军腹背受敌的危险。消除了这一大危险，陈庆之更是无所顾忌，大举进攻魏军。在梁军凌厉的攻势下，魏军剩下的九座营垒接连被攻破，魏军不敌，大败。

若是没有陈庆之的坚持，涡阳也不能轻而易举地被拿下，魏军也不会那么快被击败，而且陈庆之多次都是独自领兵，前去迎敌，亲力亲为，英勇无比。

陈庆之不仅锐意英勇，还是个信义有为的将领，深得众心。他生活俭朴，只穿素衣，不好丝竹，严于律己；虽身为武将，但善抚士卒，他在任时尽量将所得的俸禄资财分给一些将士，使部下为其效力，是一个刚柔并济的文雅儒将。这一点上，倒是和宜兴文人们有相似的地方：既儒雅重文，也质朴刚硬。陈庆之以自己不屈的毅力和不凡的才能缔造了一个不是神话的神话，他的精神同样也激励着后世的宜兴人：敢为人先，为国家民族的振兴奋勇开拓，让阳羡文脉在这里绵延。

（周汶皎）

第二章

畅饮沆中“一瓢水”

水墨养“神”

精，精神，情操。国画是高扬主体精神的艺术。它不仅体现了万事万物“对立统一”的基本规律，又能反映主体人的精神、学识和修养。通过学习鉴赏国画，可以弘扬民族精神，陶冶高尚情操。

“中国绘画是中国民族精神的最大表白，也是中国哲学思想最亲切的某种样式。”阳羡文化，古韵悠长。阳羡——陶的古都！她曾经赋予我们，如今仍在赋予我们无比丰富的文化与自然资源。通过梳理，我们发现很多资源可以直接作为美术拓展性课程的素材和内容，让学生在乡村街道寻找周王庙、英台阁等遗迹，搜集周处、梁祝等历史故事，参观悲鸿故居，在徐悲鸿纪念馆举办画展，在文化遗存与历史故事中，感受人物精神，洗涤儿童心灵。中国写意画表达一种意向、情趣，教学应基于儿童的立场出发，我们努力将“视觉图像”转化为学生心中的“笔墨意象”，并以此为依据进行视觉转换和迁移。让学生用童眼看世界，以孩子身边的事物为基点，以孩子喜闻乐见的人与事为内容，让孩子心中首先有一个清晰的“境”，再从图像转换为笔墨，表达心中的“画境”。

五年以来，学校多次与悲鸿艺术馆联合举办以“弘扬悲鸿精神，绘就我的梦想”，“灿烂童心”等为主题的师生水墨画作品展，这些作品都是在“读经典，知宜兴，颂阳羡，抒童心”等读书、采风实践活动中的儿童创想，充满了无限的童心童趣和阳羡文化气息。

在首届“徐悲鸿艺术节”主会场东氿文化广场上，宜兴市阳羡小学“少儿国画院”百名“小画家”现场创作了一幅《水墨·阳羡》百米水墨长卷，并捐赠给徐悲鸿艺术馆收藏。北京徐悲鸿艺术委员会秘书长廖鸿华先生对小朋友们娴熟的画技和童趣的表达给予了积极肯定，并现场指导“小画家”作画，传授绘画技法，解读悲鸿精神。百米巨幅画作，体现徐悲鸿“以美育人”的美育理念，在“阳羡文化”中寻找国画的神与美，感受“悲鸿艺术”精神，也表达了对阳羡文化的自豪感。

我们还邀请了悲鸿纪念馆刘明馆长为小画家们讲述《徐悲鸿的艺术人生》。刘馆长以通俗易懂的小故事，讲解悲鸿大师“一意孤行”的艺术人生和伟大的爱国情怀，孩子们在活动中了解徐悲鸿，汲取悲鸿先生的精神内涵，丰实自己的道德品格，让悲鸿精神成为小画家们“务本力行”“自适生长”的不竭动力。

学生的眼睛是很锐利的，只要教学中能找到一个合适的突破口，激发起学生内在的情感，情到深处，笔随意动，就能到达传神写照的境界。水墨教学的方式是见仁见智的，如何让学生在水墨创作中寻求适合自我的“笔墨语言”，从而实现以水墨养“神”的目的，需要我们不断地实践和探索。

（周亚君）

水墨养“气”

“气”是东方美学的重要特征，如气势、气息、气味、清气、文气等。

就水墨画而言，一幅雅致的水墨画之所以让人难以忘怀，其魅力不仅在于能够看得见的形象，更在于其笔墨以外，看不见却可以感知的某种气息，这种气息体现在画面上的意境，则是水墨画的生命与灵魂。正是这看不见、摸不着，无形无踪的“气”，使绘画作品产生了含蓄、隽永的意境，有了令人回味不尽的魅力。

意境、气韵是中国绘画发展中特有的一个美学观念，是水墨画艺术表现的审美核心，也是构成艺术审美不可或缺的重要因素。水墨画意境的营造需要将画家的真情实感贯穿于整个作品之中，使之充满无限的生命力。

中国画历来都十分注重画面的“气”“韵”，那么“气”“韵”从何而来，该如何表现呢?

黄宾虹认为:“气韵之生，由于用笔墨，用笔用墨未得其法，则气韵无由生动。”由此我们似乎可以看出黄宾虹对“气”“韵”的产生归结于笔墨。作为儿童要创作出好的水墨作品就要深入地认识我们的生活和大自然，并且善于感受大自然与现实生活中存在的“气”“韵”美。“千里之山不能尽奇，万里之水岂能尽秀”，所以清代石涛提出“搜尽奇峰打草稿”。就是要把握大自然物象的特有属性和美的规律，体悟蕴涵于大自然和生活中的“气”“韵”，抓住美的实质。

教学中，我们要让学生先“感知”，就要先“开眼”，先给孩子们来场丰富的视觉盛宴，精选符合儿童趣味的国画大师的作品展开新一轮视觉轰炸，让这些真正高品位的水墨画充满孩子的眼睛，让孩子们领略水墨的“气”和“韵”。如解读大师:选择八大山人的作品，点评解读大师的境界。八大山人是极具个性的文人画大师，随性挥洒的笔墨简洁而丰厚，印象最深的是《石头小鸟》，寥寥几笔，神态毕现，空旷的留白，意境深远，水墨气息浓厚，多加一笔都显得多余。八大山人是简洁主义的大师，之所以选择他的作品给孩子欣赏，是因为孩子的性情挥洒也是寥寥几笔，极具概括能力，他们会把阻碍自己的一切框框大胆地抛掉，留下的就是精华了;而八大山人的小鸟是抽离到极致精华的生灵。所以，学大师，不是单纯临摹极具风格的表象

（大师太风格了，只要是临摹肯定逃不出大师的影子），而是感受大师的状态境界和审美品位，感受水墨之“气”。

当代国画大家的作品风格极具时代性，和当今的孩子走得更近，有些画家的作品非常接近儿童画，比如崔子范、张桂铭的花鸟画，孩子们会感觉很亲切，这些画家爷爷画得那样有童趣。“天真烂漫是吾师”，越达到高境界的大师风格越接近童言，潘公凯教授的墨荷系列，大气磅礴，自然天成，他单纯的笔法，简洁的语言，是孩子们所能产生共鸣的，他的大笔大墨所呈现出的“气势”“神韵”“意境”“格调”，也是孩子们需要感受的。

如果说有十位画家同时对一处雪景进行描绘，相信画家们最后完成的作品的“气”“韵”会各有千秋，即便相同一幅作品，观者观赏时当然也都各有自己的感受，甚至同一幅作品，同一个观赏者，在不同的时候，不同的心情下观赏都会得到不同的感受，都会有所区别。所以“气”“韵”是动态的，变化的，不是一成不变的。在绘画中它不仅体现了主体素材的变化和流动，也体现了作者和欣赏者气质、个性和情感的流动性，我想这也是“气”“韵”难以把握和神秘的所在吧。

水墨画如何去找到适合的绘画语言来表达自己的独特个性，赋予新时代的表现形式和精神气质，创造出适合当代审美意识的水墨画作品，展示东方人的审美意境，这是当代水墨画的永恒追求。

（蒋　峰）

水墨养“意”

儿童水墨画严格来说是很难有“意”的表达的，所谓的“深远”“苍凉”“优美”等，似乎都很难在儿童水墨画中找到，即使找到，那也是儿童无意识的表现。因此，儿童水墨画的“意”，更多的时候，我们可以将其看作是儿童的一种情感传达，体现儿童本性的率真，体现儿童特有的童真和童趣。儿童水墨画的教学，应当让水墨画与儿童的“童心童趣”相伴，在玩乐中释放天性，才能让水墨艺术浸染童心，提升儿童的审美意识及创造性思维。

一、童趣墨意，在笔墨挥洒中成长

水墨画是我国传统的绘画方式之一，具有很强的中华民族特色，以毛、墨、纸、砚等具有民族特色的绘画工具和材料，表现出富有意象和意境的画面。水墨画所使用的工具和材料，不同于一般儿童常用的彩铅、蜡毛等，只要选个喜欢的颜色就可以任意涂抹。水墨画所使用的毛笔，笔头由软毛组成，需要有特定的握笔姿势才能灵活使用。而宣纸吸水性强，墨水在宣纸上会发生晕染。在绘画的过程中，对水的蘸取，墨的蘸取，或多或少，或干或湿都会影响最后画面的形成。以上特点使水墨画具有很强的不可控性，而儿童的动手能力本就不强，因此更是令儿童难以控制最终的画面。但是这种水墨绘画的不可控性，却能使儿童体会到未知的乐趣，正是这种意想不到的墨迹变化增加了儿童绘画的游戏感。

艺术大师毕加索曾提出：“人们并非真正懂得鸟鸣叫所蕴含的真意，但是却喜欢听鸟鸣。正如创作，之所以观赏者喜好观看不同类型的画作，其原因在于观赏者有可能与创作者的画意及创作情感产生共鸣。”

中国的传统水墨画历史悠久，真正的艺术精髓非一时一刻的勤奋努力便能达到。水墨画的艺术精髓在于“天人合一”的终极宇宙观，重在意境的表达而非技巧。

儿童缺乏作画技巧，而且由于绘画经验不足，因此以成人的审美标准来看毫无美感可言。但是却因为他们所画的皆是心中所想，无论是微笑的太阳与月亮，还是手拉手跳舞的大树，或是拿着气球的小动物，长着翅膀的小朋友。这些在大人看来既可笑又毫无逻辑可言，太过脱离现实，但这些却很好地表达了儿童们内心的世界，在孩子们的眼中万事万物都是新奇有趣的，他们用画笔画出的景物并非虚假，而是对世界的认知，在他们的心里这些都是真实，虽无技巧却有意境。

二、童心童趣，引导儿童以笔画心

在儿童水墨画的教学当中，应当注意培养儿童的兴趣，以儿童们的自然人属性及自然心态作为引导基础，以尊重造型艺术客观规律为核心，辅助以科学的教育教学手段，引导儿童们以水墨画的形式进行自我表达，将艺术情感和创作灵感在水墨的挥洒中淋漓尽致地表达出来。

在儿童水墨画的教学中，首先应尊重儿童的天性，保护儿童创作的灵感。儿童的思维与成人有很大的不同，他们的心灵纯净，性格天真、单纯、幼稚。他们所创作的水墨画并不受成人世界的规则所束缚，画面有着稚拙的美感。因此，在教学时不应用成人的审美意识来要求儿童，不要强行干涉儿童的水墨画创作。而是应当引导儿童随心选择其画的色、墨、水等，无论画作是否存在诸多缺点，也要以鼓励表扬为主，保护儿童的创作灵感。在他们随心所欲地尝试过各种水墨画材料的组合运用之后，再为儿童讲解创作所须遵从的一定规则，此时教师应将视觉放在儿童层次的审美上，提供各类案例分析，逐步丰富儿童的水墨绘画知识，以此为引导，让儿童们在一定的规则内“以笔画心”尽情创作。

其次应由浅入深地引导，发掘儿童的天性。好奇、好动是儿童的天性，不可能要求他们像成年人那样安坐不动地听取老师的教导。因此，需要以互动式的趣味教学培养儿童对水墨画的兴趣。比如滴一滴墨在水里，让学生们观察墨汁在水中的晕染。或以不同轻重的笔触画在宣纸上，观察墨晕的变化。也可以让学生们用手指蘸取墨汁在纸上绘画，体验一下手指画与毛笔画的不同。可以在展示不同的笔法之后，让儿童们自行总结笔法运用的特点及水墨浓淡对比的规律，引导他们开动脑筋，自行搭配各种笔法来对想象中的画面进行表达和描画。

三、寓教于乐，引导儿童以墨达意

教育家罗素认为：“教育主要在于本能的培养，而不是压抑本能。”水墨画的课程教学并不是为了培养专业的绘画艺术家，而是为了增强学生的审美观念，拓展儿童的艺术视野，提高儿童的审美情趣。儿童在学习水墨画的过程中，通过对毛笔及水墨浓度的掌握，锻炼了微妙精细的观察能力、形象的思维能力、高效的记忆力、创造的想象力，以及手的协调运动和丰富的表达能力。尤其是水墨画材料的单纯性和用笔的概括性与儿童的思维特点非常相符，大胆的挥毫泼墨，无拘无束地作画对儿童的创造力发展更是有着极大的促进作用。

比如，在主题水墨画“猫”中，先放几幅猫的视频画面，让儿童们仔细观察猫的结构，引导他们分析猫各部分的特征，之后让儿童们分组讨论，该用怎样的笔法和墨法来表现猫的形态。在绘画的过程中，引导学生自由添加背景，引导学生不要把猫的特征画错了，至于用什么笔法、墨色都随他们自由安排，按他们各自的喜好去添加人、草、花、蝶等各种背景元素。作品完成后，再让他们互相评价彼此的作品，谈一谈自己在绘画时的想法。在这个过程中，锻炼了学生的表达能力和作品鉴赏能力。在课堂结束前，再向学生们展示国内大师的作品，如崔子范所画的猫，学生们在对比各家作品与自己作品的差距后，再次下笔时更会具有艺术风格，而这正是学生以笔画心、以墨达意的基础和成果。

艺术是自由的创作，情感是儿童水墨画最重要的内容，单纯地要求儿童学习绘画技巧而忽略了对创造天性的培养，是舍本逐末之举。这会扼杀儿童的天性，令他们失去感受真正水墨艺术的机会。儿童的水墨画学习，在提升技法的同时也要教会他们观察与思考。多给他们鼓励，不要因为儿童的胡乱涂鸦而斥责他们。教师应突破传统，引导孩子们认识自己所涂抹出的各种墨点、墨线、墨块，激发儿童的创作灵感，让他们学会以笔墨来感悟生活，表现自我，表达出心中的情感与想象，形成儿童水墨画特有的“意”。

（朱小珍）

水墨养“韵”

水墨画是我国传统绘画艺术之一，是我国重要的文化精髓。水墨意境是水墨画特色以及哲学思想的集中体现，也是水墨画不同于西方画作的重要表现。气韵生动是对水墨画特点的准确概述，水墨画不拘泥于形式，更讲究的是“以形写神”，注重创作者情怀的抒发，情趣的表达。水墨画对物化形象的简化，意蕴内涵的深刻承载，形成了不同于西方画作的灵动与气韵。在水墨画中，并不过分追求形似，而更追求神似，寥寥数笔，一幅远山黛水的作品呈现在眼前，至简至繁，既是对外形的最简化追求，又是对内涵的最深寄托，因此，水墨画的气韵美又是因其简约所凝练出来的。

水墨画的“气韵”之说，始自六朝南齐人物画家谢赫的《古画品录》，六法为：一、气韵生动是也；二、骨法用笔是也；三、应物象形是也；四、随类赋采是也；五、经营位置是也；六、转移摹写是也。

唐张彦远《历代名画论·论画六法》也说“若气韵不周，空陈形似，笔力未遒，空善赋彩，谓非妙也”，我们说“气韵生动”，就是指画中万物的神态，要能够达到活灵活现的程度。

水墨画之气韵，具有一种浑然天成的精神品性，指向古人所说的“神”，所以，“气”常称为“神气”，而“韵”亦常称为“神韵”，正因为如此，其特点是“生动”——有生命力，有灵性，生动逼真；中国山水画之“气、韵”并举，实际上与水墨山水画地位的突显有关，也就是说，“笔”“墨”二者成为山水画构成的两种根本的媒介语言之后，“气”与“韵”二者分别对应于“笔”“墨”，从此，水墨画的表现技法便更加具体，更加细致化。

水墨之韵，是解读水墨画“思想意蕴”，提升水墨教学层次的关键之一。

在我们的水墨特色教学中，常采用“跟着大师画国画”的方法。例如我们可以让孩子跟着齐白石大师画国画。齐白石一生勤奋，作画无数，所画题材无数，为后世留下了为数不少的妙品佳作。他笔下的事物，造型简洁拙朴，构图单纯，色彩明丽。画面，给人不只是可居可游，还有可亲之感。白石老人有句非常经典的画论，那就是:“作画妙在似与不似之间,太似为媚俗,不似为欺世。”跟着齐白石大师画国画并不是临摹齐白石老人的作品,而是在他的画作中感受他用笔用墨的技巧,感受他的笔墨韵味。宜兴是闻名全国的“书画之乡”,涌现了徐悲鸿、吴冠中、钱松喦、吴大羽、吴冠南等国画大师,跟着这些身边的国画大师,学生学起来更加熟悉亲近,效果更好。另外,我国是诗的国度,有着悠久的历史。我国古代诗歌是我国传统文化的重要组成部分,“诗中有画,画中有诗”。为诗配画,为画题诗,从简单入手,给《咏鹅》配画,咏鹅的内容我们很熟悉:“鹅鹅鹅,曲项向天歌。白毛浮绿水,红掌拨清波。”启发孩子:你听到了诗,你能想到什么呀?孩子思考想象:浅浅的河岸,清清的河水,雪白的羽毛……苏东坡曾称赞王维“诗中有画,画中有诗”,而我们平时也经常将“诗情”与“画意”联系在一起,说明诗与画是密不可分的。师生共同欣赏国画大师给《咏鹅》所作的配画,让孩子感受到诗文与国画碰撞的魅力火花。当然,诗配画不是一蹴而就的,不可能一开始就让孩子表现“谈笑间,樯橹灰飞烟灭”这种高难度的诗文。而是循序渐进,比如:“大葫芦乾枯,小葫芦行酤”中的葫芦,“桃子压枝垂”中的桃子,让孩子用国画的形式表现,慢慢地逐步深入学习。通过向大师学习,在诗词中学习国画,让孩子们学有所“依”,学有所“韵”。

(蒋　峰)

水墨养“品”

中国画在世界绘画史中占有半壁江山，它特有的哲学理念和人文情怀感动着一代代执着的绘画人。无论是中国画的题材还是著名的绘画大师，都拥有独特的魅力，其中的精气神始终是我们追求的品格。

阳羡小学开展少儿国画活动，学生在水墨学习和创作中体验国画的过程，了解历代大师们的画品和人品，学习绘画题材中的高境界，培养自己的独特人格，升华审美境界，从而成为腹有诗书、气质如华、品性高雅、情感丰富的人。

一、认识家乡的绘画大师，了解他们的学画故事，做个有追求的人。

徐悲鸿，原名徐寿康，当时百姓流离失所，悲鸿遍野，徐悲鸿有感于社会动荡，立志学画报效祖国，改名悲鸿。他以画马驰名，他觉得马激情奔放，傲然于世。名马伴将军。钱松喦，六岁开始学篆书，常常以青松翠柏为题，刚正不阿。吴冠中，中西结合，画的江南水墨典雅秀丽别具一格，常常是一枕水墨到家乡。这些家乡宜兴的画家都是我们学习的榜样，平时在画廊宣传他们的故事跟作品，在上课的过程中也常常把他们的生活、作画点滴说给同学们听，学生耳濡目染，从中立志，做个热爱家乡、热爱祖国的人。

二、认识历代绘画大师，学习他们的人品、画品，做个有骨气的人。

郑板桥，扬州八怪之一，他“诗书画三绝”著称于世，他有句名言：“当官不为民做主，不如回家卖红薯。”可见他的高风亮节。他最喜欢画竹子，画的竹子枝少而瘦，他说“卧听萧萧竹，叶叶总关情”，他以竹喻人，以竹喻己。八大山人，处在明末清初的时代，由于国破家亡，他一腔爱国情怀无处发泄，就用画代笔，画出了许多愤世嫉俗的作品。石涛，踏遍万水千山，搜尽奇峰打草稿，终成一代大师。许许多多的画家们执着追求，人品高洁。学生们在学画之时，时时被他们的人品打动着。

三、山水草木皆有情，向大自然学习，做个热爱生活的人。

学习经典的国画课题《岁寒三友》，松、竹、梅号称“岁寒三友”，是历代画家表现的好题材，以不惧凌寒、不怕孤独的性格被世人所称颂，我们小朋友最应该学习这种坚强勇敢、战胜困难的品格。“四君子”梅、兰、竹、菊，谦谦君子，卑以自牧。草木皆能如此，何况我们性本善的纯真孩子呢！

四、以美为宗旨，画美的作品，养成审美的眼光，做个有审美高度的人。

小朋友天真烂漫，他们往往喜欢在绘画中表现自己的生活，有些孩子就会提出：能不能画大小便恶作剧之类的题材？这就涉及一个审美跟入画的问题。这时老师就应该给学生欣赏大量的可入画的作品，讲解怎么把生活中美好的东西表达出来，让大家欣赏，这样就能激起其他学生的共鸣。例如，时装表演，这么美的场景想来都很美好。再例如，六一节表演的爵士鼓，激情浪漫，观之令人热血沸腾，这些都是美好的题材。通过引导、欣赏，不断地在水墨领域浸润，逐步培养孩子的审美情趣，提升表现美的高度，做个有品位的人。

中国画发展至今，产生了许许多多的流派，有文人画，有禅画，有茶画，等等。水墨儿童国画虽然还没有定位，相信在不久的将来，在中国画中，一定会有我们儿童水墨的一席之地。孩子们可以在充满诗意，富有浪漫情怀的水墨画中，学习文人的风骨，培养独特的气质，做个高品质有修养的人。

（吴 娟）

水墨养“智”

智，有智慧、聪明、策略、知识等意。阳羡水墨向来崇尚“以文化人，以画养品”，通过串连由抽象—花鸟—动物—山水—人物系列内容的递进式教学链条，来完善水墨画的教学体系。在教学中，更多地关注孩子对水墨的感知、体验、表达和塑造，尊重孩子的纯真感受，渗透中国传统文化的精华，力图寻找到传统、现代与儿童的水墨表达的结合点，真实地体现出儿童水墨画的高品位和原创力。真正做到以水墨画教学这一载体来涵养教师的教学智慧，关注学生的学习能力，拓展他们的文化视野，从而达到水墨养智的精神境界。

一、教之策

儿童水墨画教学呈现出多种样式，有的借助水墨游戏教学，有的关注材料创新教学，有的注重传统中国画教学……在各种教学中，临摹是基础，笔者认为用意临的方式来学习水墨画不失为智慧之法。

意临，是指在临摹时并非按照范本的表面形象去临，而是假借临摹，训练学生对临本的不同理解和感受，培养对笔墨精神的理解和学生自己对笔墨的个性张扬，不求形似求神似。注重水墨的笔性墨性体验，主动追求用笔生动、自由、舒畅……这样的学习过程，有利于学生对传统文化的理解。

点拨意临，侧重用笔用墨，强调对笔性的体验，如沉稳、匀力、笔笔送到，凝练，洒脱，勾勒呼应……所以，意临的前提是技法的想象。这个“停顿”，画家当时是怎么产生的？有的学生说是因为笔重；有的学生说，是用笔粗；有的学生说，就是在此停顿了一下……想象画家创作时的状态和如何蘸墨运笔，体会线的韵律与节奏，是学生理解用笔用墨的良策。不要因形的牵绊而失去笔墨的意味和质量。

意临还可以让学生感悟作品的水墨语言所表达出来的意境。首先感悟范作的笔墨语言、表现内容、形式布局等，如画面的空灵、饱满、纤细、粗犷等，并思考画家为什么这样画？追求的是什么？作品的气息、味道是怎样呈现的？这样深入对画面意境的理解，才能达成真正的意临。在意临时让孩子放手去表现自然，从精神和手感上放松，养成在愉悦、自在的状态下表现的绘画习惯，在不经意处见匠心，对平日的笔墨创作能力进行有机地消化。

当孩子的水墨作品既有画面感，又能下意识地观察比较自然，就会逐渐达到笔墨自如，不失孩子气又隐含着用笔用墨招数的境界。长此以往，即可慢慢渗透和加强孩子对中国画笔墨精神和文化的理解。

二、学之慧

1. 注重多感知

传统中国画，一从思想入，二从书法入，画家一生都重涵养。那儿童应该感受什么呢？感受思想？他没有。感受哲理？他不懂。孩子应该是感受轻松，感受快乐，在一点一皴中我形我塑，在墨色交融中得意忘形，这是最真实、最人性的纯真境界。

美术表现需要凭借学生多种感官的“多元体验”和“多元感知”。学生画水墨画离不开笔线造型，发挥笔墨的特有表现力，注重对象的组织结构，线与线的穿插交叉，以及画面效果的“明豁”“有笔”。所谓“有笔”，即对毛笔结构、笔锋认知、使用形成的力度、方法，可如丝、如杵。为了提高学生对笔线的控制能力，教师需要鼓励学生多练书法来慢慢体悟和理解骨法用笔，最终将其用于水墨画的表现之中。只有做到这样，才可以说学生的作品保持了中国水墨画的特色。

2. 画知不画见

中国美院教授蒋跃认为：“绘画，不仅是一门热情、浪漫的艺术，更是一门理性、有序而又严谨的学科。”“置陈布势”之说是中国最早的绘画构图理论。南齐谢赫又将其总结为“经营位置”，亦成千古一法。画有宾主，不可使宾胜主，我们看学生的画时，可能不知道他们是有意还是无意为之。可在大师的水墨画中，主次分明、内容了然，形式结构有松有紧、有张有弛，紧凑而不淤塞、松弛而不松垮。在低年级刚接触水墨画的阶段，教师选取了崔子范的《水仙石鸟》《民富国强》《江上秋色》等系列花鸟画作品，画面上靓丽的鸟儿、金黄的稻穗、火红的高粱、碧绿的叶子、绯红的柿子等贴近孩子的简练构图、鲜艳色彩、厚拙笔墨、趣味意境、大胆用笔，一下子就吸引了他们的目光。画面中让人感受到的这种鲜活的生命形态，既不矫饰，也不做作，而是那么地自然而然。儿童在向大师学习时，善于把“感兴趣的”“知道的”的局部进行非常细致地刻画，其他部分则“视而不见”，就算写生作业也是如此，无意中实现了“突出主体”，虚实相生。

3. 释放自由心

儿童学水墨画一段时间后，兴趣势必没有初时浓烈，因此需要“推开窗户”，以更广阔的文化视野来激发学生对创作的兴趣。如：与异域风情相结合，与古文字相结合，与敦煌壁画相结合，与青铜器相结合。或者让学生“学一半，玩一半”，在传授传统技法的同时，只是重点解读“人文意境、浓淡干湿、点线面块”，教到“半成”，剩下半成留给学生自由设计添加，既有文化技法的传递，又有儿童视界的创造，不失水墨味、文化味和儿童味。

4. 一点连一片

将清池主题拆分成墨荷花洁、桃花鳜鱼、荷塘蛙唱、蜻蜓小鱼等有联系的小品教学，在点的积累基础上，让学生根据自己的认识和想法，将荷、花、鱼、蛙等自由地连成一片。或者让几位同伴将同主题的小品画作连接成水墨长卷，感受水墨玩趣。“编故事，成系列”，将学生搜集到的民间故事、传记等，自编自创，发挥想象，画成故事系列，这种充满自由和创意的玩水墨也会有显著的效果。

三、画之智

“中国绘画是中国民族精神的最大表白，也是中国哲学思想最亲切的某种样式。”我们只要找到与其他学科的契合点，与其他学科“一以贯之”、相互渗透，形成多学科边缘关系的有机整合，就能真正把握中国画的精髓，彰显其教育智慧，走出学科本位的狭隘圈子。

1. 诗情画意中取境

中国画，不仅涵画意，还涵诗情。中国绘画中诗与画的联系，虽起源很早，但也是由于苏轼的点破才于后世深入人心的：“味摹诘之诗，诗中有画；观摩诘之画，画中有诗。”中国艺术中诗与画的联系就从外在的结合转为有意识地追求内在的交融，并成为中国绘画美学的重要原则。在诗词教学中，运用国画进行意境渲染，可帮助学生“身临其境”地体会课文意境，解读文本意蕴，进行形象思维，使学生获得多层次、多侧面的审美感受，提高诗词学习的效果。因此，我们将水墨画教学与语文学科的经典诵读相结合，把学生熟知的诗句作为创作素材，展开想象，以诗题款，更能增强诗情画意的意蕴。由唐诗配画到咏宜兴诗词的创作，既可以帮助学生“身临其境”地体会诗文意境，又启发他们进行形象思维，以画抒发情感，多方面获得审美感受。

2. 经典寓言中取意

中国画历来以“写形”为手段，以“写神”为目的，形似固然重要，但更重要的是传神写意，借此抒发作者内心的思想感情。在教学中，须特别注重引导学生欣赏和体会优秀作品的神情、气韵、意境、格调，提高学生的鉴赏力。

品画不光着眼于画面的不足，更多的时候是发现画面的闪光点。寓言故事《东郭先生》大家耳熟能详，可在学生讲故事，看故事，演故事的过程中结合对关良先生

《受教图》的欣赏。教师引导学生观察夸张的狼头，狼的双眼兼具畏怯猎人与研究吞噬对象的凶残，外拖的血红长舌尽显贪婪本性，为东郭先生的不幸埋下伏笔，引发观图者对先生命运的关注。悬念深化后，次要的狼身草草几笔，仅是简单交代，惜线如金。东郭先生是画面的顶梁柱，除上吊的眉毛之外没有戏剧化，皂衣黑帽，质朴亲切，前倾的姿势像是在安慰狼，为善不计"劳累"，更见其单纯憨迂，无怪好心施错对象而助恶，笔触有凝滞之处，似乎溢出画家同情的嘲笑。远树一棵，点明背景是山间，驴的画法更洗练，目光远远凝视主人，闲笔不闲。

3. 传统戏曲中取乐

戏曲《三打白骨精》演绎了唐僧师徒西天取经至宛子山，该山白骨精两番变幻为人谋骗唐僧欲食其肉，皆为悟空识破未遂。第三次变为老人，悟空不顾师父念咒劝阻当场将其打死，妖精狡诈，化烟逃遁。唐僧见悟空连伤三命，将他赶回花果山。白骨精掳走中计的和尚。悟空不计前嫌，幻为老妖，打死白骨精，师徒重上征程。这是一个意境遥深的故事，从识妖之难，点明为善不易。善良至失去辨别是非的能力，反而起到助恶的作用，给齐天大圣带来许多不必要的灾难，猴王被塑造得十分完美。关良的《三打白骨精》正是在这一精彩故事中诞生的经典作品。学生学得兴致勃勃，画起来情绪高昂。一个个正义的悟空、威猛的悟空、榜样的悟空在他们的笔下神形兼具，各有其妙。

创新是一个过程，从不成熟走向成熟，从不完善趋于完善。画家刘二刚擅长以漫画式的人物与简笔山水相配，再题上有思想内涵的跋语，传达具有禅意的人生智慧。有人说他的画亦庄亦谐。不仅吸收和秉承了正宗文人画中的文化营养和学者风范；更将俗文化中的幽默诙谐引入文人画的书卷气中。

好的水墨，淋漓酣畅，有变化的肌理，或有无相生、浓淡相宜，凝重如岩铁，温润如春雨，干燥如秋风。正确地领悟前人的智慧，又能在绘画表现中有自己的感悟，便会"独到"，真实地表达了自己，肯定是新的，是"水到渠成"，终得以水墨养"智"。

（毛俊艳）

第三章

寻找画里“那一个”

校本课程:引得“清泉”鱼戏莲

——传统艺术的质态回归与文化自适

【摘　要】在文化自觉的新视角下,作为传统文化代表的国画正通过校本课程这个文化载体,进入我们的教育视野,给校园带来了一股“清新空气”。当大家急迫地将传统文化作为校园“时尚”和“名片”对其倾心打造时,有必要停下来,厘清传统回归的本质与方向,以免被“教育功利”遮蔽了双眼。我们且思且行,依托少儿国画社团活动,寻求“以画养品,以文化人”的契合点,细细吸纳国画背后蕴含的“精气意韵品”等文化元素,将其融入文化自适的行动中,释负而行、席地而坐、依山而栖、一以贯之,构建文化自适的“生态园”。

【关键词】校本课程;国画;质态回归;文化自适

校本课程是文化传承的一块重要基石。在文化自觉的新视角下,“传统回归”逐步成为学校的一种文化“声音”,石艺、茶艺、陶艺、竹艺、书艺、画艺等印记着传统艺术文化色彩的校本课程应运而生,宛如一夜春风,催生花树万千。传统艺术正通过校本课程这个文化载体,重新回到了我们的课堂,进入了学校教育的视野,这是值得肯定的积极行动。但问题是,传统艺术应以何种质态“回归”? 我们又应提供何种文化土壤顺应其“回归”? 笔者结合我校的国画教育实践就传统艺术的质态回归与文化自适谈些许管见。

一、厘清与把握:“等闲识得东风面”

校本课程为学校和教师提供了传承、创新和发展传统文化的平台,给予教师“我的课程我做主”的极大自主权,有着很好的灵活性和时效性。但同时也带来了课程开发的盲目性和随意性等问题,这是校本课程开发走向科学、规范、完善必须突破的瓶颈。在我们高举传统回归旗帜,不倦投入艺术校本课程建设之时,有必要停下来厘清回归的价值本质,我们“为什么出发”和“从哪里出发”,从而不至于被“成果”与“特色”遮蔽了双眼。

“文化化人”是文化最为本质的规定性。传统艺术文化需要回归的地方是

"养品化人"的幸福教育,真正改善师生的生活方式和生存状态,也正是我们"再出发的地方"。构建国画校本课程不是去试图追寻文人理想化的"桃花源",也不是脱离现实地回归"复古",而是应该追寻传统文化的精神源泉,为儿童的心灵注入一股甘甜的文化"清泉",让他们插上文化的翅膀自由飞翔。因此,我们基于对学校文化积淀、办学传统、现有条件的深刻把握,在传承和弘扬传统文化的大视野下,思考学校国画校本课程建设,牢牢把握"文化化人"的核心价值,通过中国传统国画教育的形式,培育浓郁的"墨香文化",营造一片闲适的教育氛围,改造当前文化积弊,远离浮躁、功利与狭隘,涵养从容、娴雅、潇洒的大气度,培养学生高雅的志趣格调、远大的气度胸襟、优秀的人品才情、纯洁的思想品格,使我们的师生"内心充实,行为有品"。唯有这样,才能把握传统艺术文化的回归之本,才是国画校本课程的应有真义。

二、凝练与吸纳:"意入我境听花语"

"中国画与中国文化的传统精神互为表里",能充分展现中国文化深度和广度的卓越品格。从这个意义上看,国画校本课程的关注重点应该投向凝练与吸纳民族的优秀文化元素,并彰显这种精神力量,让它通过教育的形式呈现出更动人的光彩。国画蕴含的文化元素博大精深,在文化化人的视野里,哪些"意"可入我"境"?

以画养"神":国画是高扬主体精神的艺术。它不仅体现了万事万物"对立统一"这个基本规律,又能反映主体人的精神、学识和修养。我们可以通过学习与鉴赏活动,增强爱国主义思想,陶冶高尚情操,弘扬民族精神。

以画养"气":国画蕴含着一种大气磅礴的胸襟和气度,蕴含着一种天真纯朴的儒雅气质。这种特有的人文属性,使得国画具备教化世人、洗涤心灵的功能。

以画养"意":在中国写意画的笔墨里处处透露着悠然忘机的意境,隐含着画者的人生内容及其对世界的认识。"任随清风送白云",透过中国画的淋漓表意,引领学生感受自然韵味、闲雅智趣,远离功利浮躁,追求真善美。

以画养"韵":[宋]郭若虚《图画见闻志·卷一》有"论气韵非师"一节,曰:"骨法用笔以下五者可学,如其气韵,必在生知……人品即已高矣,气韵不得不高,气韵既已高已,生动不得不至。"此言启悟我们追求自然之美,蒙养志趣胸襟,广积才情阅历。

以画养"品":国画向来重人品修养,素有"人品不高,落墨无法"之论。梅兰竹菊等国画作品向我们展示的不仅是笔墨气韵,更传递着为人之高洁品格和坚毅个性。

一言以蔽之,将"神、气、意、韵、品"这些文化元素细细渗入我们的课程,使之

“化作春泥更护花”，定会领略到“闲来月下听花语”的教育意趣。

三、自适与超越：“物我两忘皆自然”

面对“急功近利”“追风盲从”，我们需要“文化自适”的立场，思考我们的教育行动。文化自适是一种安详恬淡的心态与意境，更是一种文化进取的姿态与智慧。在多元文化境地里，我们更应依托自己安身立命的文化根基，挖掘国画背后蕴含的文化特质，并将其与“务本力行”的校园精神相融合，将国画所携带的文化元素渗透到师生的学习生活中，并超越现实与文本视界，让它融合在血液中，自然流淌、自由生长，得到“鱼戏莲”的自由与自适。

1. “释负而行”：摆脱专技桎梏

不知何时起，掀起了一股艺术考级风，每年艺考都门庭若市。然而，艺考暴热在提升艺术教育地位的同时，艺术教育也悄悄被“专业”“功利”桎梏着。因此，国画摆脱专技桎梏，追求笔墨意趣，“释负而行”显得十分必要。

观念：去“功利化”。思想决定行动。在“功利化”思想的影响下，任何教育都会显得苍白无力。我们把去“功利化”作为发展国画教育的前提，组织行政、教师、家长对“功利化”现象进行多途径、多学科、多角度的观念思辨，并通过教代会形成了发展国画特色的文化共识，果断摒弃题海应试手段，真正解放自己和学生，为传统艺术回归营造一个宽松、宽容、宽厚的文化环境。

课堂：去“高效化”。我们始终认为，课堂是“挖井”的“慢工”，不是“挖坑”的“快活”。国画课堂不是灌输临摹技法的“高效化”场地，而是触及儿童心灵的“挖井”活动，引领他们自由汲取国画深处所蕴含的精神能量。从事实看来，在我们的国画课堂上，低年级学生个个沉浸在水墨意趣中，甚至于课前“早早候课”，课后“依依不舍”。他们对水墨画的喜爱之情溢于言表，这远远超越了技法的价值。

评价：去“专业化”。我们注重学习的过程性评价，适度要求学生掌握基本的知识、技能，重视对学生水墨画学习的能力、态度、情感与创造力等方面的评价，更重视学生参加社会艺术实践活动的评价。如，学校“墨香少年”的评级，提出了参观画展、美术馆，参与校园画展或“阳羡少儿国画院”网页建设等具体的实践活动要求，鼓励学生在丰富的美术实践活动中自由地感受美、探索美、创造美、评判美。

2. “席地而坐”：尊重儿童方式

后现代美术教育观认为，教育的核心概念是“心灵”(mind)。主张教师与学生间的“平等的”与“直指内心的”对话，在对话的过程中探索学习的意义，在追寻美的意义和规范的过程中受到美的陶养。尤其是儿童学习传统国画，更应尊重儿童的学习方式。

议题:给予选择权。学生是课程价值的指向对象,自身既是一种课程资源,又是校本课程开发"共同体"中的重要一员。我们在开发国画课程中,让学生主动参与其中,并给予充分的议题选择权。如,各班学生站在自己的观察角度,结合自身喜好与资源优势,借助校园班级博客网络载体,通过考察收集、实践、合作探究等方式,自主选择了"悲鸿画研究""民俗画研究""诗配画研究""陶瓷画研究"等不同系列的班本研究议题,丰富了课程内容,开阔了学习的视野。

表现:给予自由权。学习应该是"意义创造过程之中的探险"。在国画学习活动中,教师应注意留出足够的时间与空间,让学生能自由表现,外显自己的情感和认识。在国画教学中,我们设计有"水墨心语"环节,学生可以自由围绕丰收农园、池塘联想、美丽花园、诗情画意等表现主题,尽情发挥想象、抒发童心、大胆创造。如,某学生在一次"赏壶品茶"主题创作过程中,发现自己所画人物神似一尊菩萨,便灵机一动将主题更改为"静坐参禅",也别有一番"艺术探险"的妙趣。

评述:给予话语权。"欣赏·评述"学习领域是美术课程的重要内容之一。教师应从儿童立场激发学习的主体意识,引导他们用自己的方式理解国画作品,涵养人文精神。如,国画课程设置了"我来述说"栏目,给予学生欣赏的话语权。通过学校网络,或对徐悲鸿等宜兴籍著名画家的名作自由评述,或对教师范作、学生习作自主评价,或对网络展评的学生作品进行网络投票,让学生用多种方式表达自己的感受与认识,逐步提高其观察力、审美力。

3. "依山而栖":扎根文化现场

山,力量的依靠,文化的现场,有氧的林场。我们以自身栖居的阳羡人文境地为现场,深度挖掘发生在这里的文化生活、文化人物、文化现象,打开文化的"营养库",尽情吮吸和滋长,把传统文化精神牢牢植根在心灵深处。

依托"阳羡文化":"地气"养人。流淌在生活中的乡土文化最让人感到亲近与自适。我们打破课堂界限,带领学生走出校园,参观龙窑古迹、梁祝碑刻、悲鸿纪念馆,探访老街牌楼、竹海洞府,走进农庄茶园采茶、玩壶、品茗……深刻感受乡土文化气息,自由触摸传统艺术肌理,不仅让学生积累了笔墨表现素材,更重要的是让学生在阳羡文化的"地气"里得到文化陶养。

依托"本土专家":魅力引人。宜兴"书画之乡"孕育了徐悲鸿、钱松喦、吴冠中等一大批国画名家,为我们提供了丰厚的人文资源。学校聘请在宜知名乡土国画人士担任少儿画院顾问、导师,借助本土专家的学术力、影响力与感染力,专业引领课程建设,深入指导国画教学。通过与乡土画家亲历课堂现场对话,展示诗情画意、讲述成长故事、感悟人生哲理,点评笔墨意趣。

依托“草根文化”：志趣润人。学校美术组老师基于办公室的宽松氛围和相同智趣，自发形成和自我认同了一种草根墨香文化。美术老师每天坚持利用闲暇时间，围坐一起切磋书画技艺，品品画、弄弄墨、谈谈心……忘我学习，推敲作品，全身心地浸润到专业发展的意趣中。学校“草根文化”以平民化的氛围引人亲近，闲散化的形式令人愉悦，自由化的特点舒展个性，更加宽容地开发自己，更加宽厚地悦纳自我。我校蒋峰老师“逸品云山”个人国画作品开展时，百幅山水作品震撼了观展师生。在这个现场，师生内心感受到的不仅是画作的清新恬淡之美，更感受到了画者执着追求的精神魅力。

4. “一以贯之”：跨越学科本位

“中国绘画是中国民族精神的最大表白，也是中国哲学思想最亲切的某种样式。”它承载着丰厚的美学思想与文化内涵，已成为中国人文化基因的一个组成部分。我们只有找到中国画与其他学科的契合点，将其与其他学科“一以贯之”、相互渗透，形成多学科边缘关系的有机整合，才能真正把握中国画的精髓，彰显其教育魅力，走出学科本位的狭隘圈子。

诗情画意的融合。中国画，不仅涵画意，还涵诗情。在诗词教学中，运用国画进行意境渲染，可帮助学生“身临其境”地体会课文意境，解读文本意蕴，进行形象思维，使学生获得多层次、多维度的审美感受，提高诗词学习的效果。在国画教学中，把学生熟知的诗句作为构图创作素材，展开想象，以诗题款，更能增强诗情画意的意蕴。

墨韵琴声的和谐。音乐与国画都是古老而有感染力的艺术形式，国画与音乐如同血肉相伴，其契合点在于都能以美的通感共同示人，影响着人的思想与情感。国画课，伴随着古韵丝弦的雅声逸奏，学生愉悦地感受着水墨的韵味与妙趣；音乐课，借助着远山田园的闲情雅趣，学生清心地感受着自然的韵律与激情，使得艺术的神形意蕴和谐呈现，增加了学习的亲近感、愉悦感和美感。

形神兼德的张力。课程及教学的最重要的原则就是用文化的力量导向人的灵魂。我们以“周处斩蛟”“范蠡西施”“供春学壶”等宜兴民间故事为题材，以国画的水墨线条为表现形式，组织师生开展“阳羡风情”主题画展，凸显国画的道德教化功能。还结合国庆、新春、教师节等爱国主义和民族传统节日，开展为祖国繁荣讴歌、为邻里乡亲送年画春联、为退休教师送祝福等实践活动，向社会群众展示书画才艺，展现文化的道德张力。

校本课程，传统艺术回归的一片“栖息地”，学校文化自适的一方“生态园”。它如同一弯清渠，浸润着思想，透露着温情，蕴含着智慧，映照出文化行动的翩翩侧影，激荡起鱼戏莲的层层涟漪。

伴随着溪流淙淙，我们逐波拂尘平心静思，款款起身务本力行！让我们从文化的深处，再出发，再延伸……

（杨友平）

【参考文献】

[1] 小威廉姆 E·多尔.后现代课程观[M].王红宇译.北京：教育科学出版社，2000.

[2] 成尚荣.学校文化呼唤“深度构建”[J].人民教育，2011(20).

[3] 任国锋，谈传统中国画作品中的道德功能[J].艺术教育，2010(8).

此文获江苏省教育厅主办的第四届中小学文化艺术节论文评比获二等奖。

附：

《水墨·阳羡》水墨画校本课程实施纲要

一、课程目标

（一）总目标

《水墨·阳羡》水墨画校本教材从“以画养品、以文化人”的发展目标出发，通过学习有“阳羡”（宜兴古称，学校名）文化特色的水墨画素材，初步掌握基本的水墨画技能技法、国画语言、作品欣赏评述的方式与方法等，汲取陶茶、洞竹、梁祝等乡土文化背后的“精、气、意、韵、品、智”等水墨精神，陶冶其爱国爱乡的情操，发展其审美力与鉴赏力，促进其生动活泼地发展。

（二）阶段目标

1. 一至三年级目标

(1) 了解宜兴的陶美、茶香、氿风等阳羡乡土文化，学习吴冠中等国画大师的相关作品，感受“陶都之美”。

(2) 培养学生学习水墨画的兴趣与有关习惯。

(3) 掌握正确的执笔（毛笔）姿势与基本笔法。

(4) 初步掌握陶壶、花卉、人物等简单水墨表现方法。

(5) 结合生活，能大胆用墨用色进行简单的自由组合配画。

2. 四至六年级目标

(1) 了解阳羡人物、陶都十景及荆邑遗韵等民风民俗，学习徐悲鸿等国画大师的相关作品，感受“教授之乡”“梁祝故里”等文化特色及文化内涵。

(2) 进一步掌握墨色变化规律与用墨技法。

(3) 初步掌握山水、花鸟、动物等水墨画基本表现方法。

(4) 掌握初步的国画构图知识,并能给画面个性化地命题题款、画印章。

(5) 能独立完成有一定阳羡文化特色与笔墨情趣的水墨作品。

二、课程内容与课时安排

(一) 课程内容

《水墨·阳羡》水墨画校本教材基于文化自觉和学校力行文化视角,"结合本土"地发掘、"基于自己"地表述,吸纳"阳羡"本土文化元素融入课程,对国画水墨精神深入挖掘和校本解读,通过"陶美茶香、荷塘氿风、渎上农家、陶都十景、幸福校园、灿烂童心、阳羡人物、宜人山居、荆邑遗韵"等九个版块国画内容体系,展示"阳羡"文化及中国画所蕴含的文化元素——水墨精神"六要素":神,精神、情操;气,气度、气质;意,意味、情趣;韵,自然、韵味;品,品质、品行;智,灵性、智慧。每课通过"文化链接""名家范作""学习建议""同题异构""水墨窍门""你知道吗"等内容,寻求"以画养品,以文化人"的水墨文化美,为儿童的自由幸福地成长提供一种艺术文化力。

(二) 课程计划

《水墨·阳羡》三册校本教材适合一至六年级学生使用。课程内容以宜兴地域的陶、茶、洞、竹、梁祝等"阳羡文化"为背景,要结合小学生的学习特点,在苏教版美术教材儿童水墨教学单元的基础上,做比较系统的思考和内容拓展,形成阳羡小学校本水墨画课程内容,利用每周两节课的少年宫活动时间组织教学。

1. 第一册内容与课时安排计划

一、陶美茶香

(一) 陶之美 …………………………………………………… 16 课时

第 1 课　陶　景/2 课时

第 2 课　花　瓶/2 课时

第 3 课　狐　狸/2 课时

第 4 课　松　鼠/2 课时

第 5 课　狮　子/2 课时

第 6 课　小　猫/2 课时

第 7 课　松　鼠/2 课时

第 8 课　人　物/2 课时

(二) 陶之魂 …………………………………………………… 10 课时

第 9 课　赏　陶/2 课时
第 10 课　学　陶/2 课时
第 11 课　制　陶/2 课时
第 12 课　烧　陶/2 课时
第 13 课　赏　陶/2 课时
(三) 茶之香 …………………………………………………………… 10 课时
第 14 课　茶　馆/2 课时
第 15 课　品　茶/2 课时
第 16 课　会　友/2 课时
第 17 课　煮　茶/2 课时
第 18 课　敬　茶/2 课时
二、荷塘氿风 …………………………………………………………… 15 课时
第 19 课　荷　香/2 课时
第 20 课　鳜　鱼/2 课时
第 21 课　鲶　鱼/2 课时
第 22 课　河　虾/2 课时
第 23 课　滆湖蟹/2 课时
第 24 课　古　桥/2 课时
第 25 课　宜　园/3 课时
三、渎上人家 …………………………………………………………… 17 课时
第 26 课　西　瓜/2 课时
第 27 课　茨　菰/2 课时
第 28 课　萝　卜/2 课时
第 29 课　葫　芦/2 课时
第 30 课　香　芋/2 课时
第 31 课　鸭　肥/2 课时
第 32 课　渔　趣/2 课时
第 33 课　农　家/3 课时
2. 第二册内容与课时安排计划
一、宜人山居
(一) 花　艳 …………………………………………………………… 18 课时
第 1 课　菊　花/2 课时

第2课　梅　花/2课时

第3课　兰　花/2课时

第4课　芙　蓉/2课时

第5课　海　棠/2课时

第6课　牡　丹/2课时

第7课　山　茶/2课时

第8课　万年青/2课时

第9课　牵牛花/2课时

(二)果　香 …………………………………………………… 8课时

第10课　葡　萄/2课时

第11课　柿　子/2课时

第12课　苹　果/2课时

第13课　枇　杷/2课时

(三)鸟　栖 …………………………………………………… 12课时

第14课　小　鸟/2课时

第15课　水　鸟/2课时

第16课　喜　鹊/2课时

第17课　神　鸟/2课时

第18课　麻　雀/2课时

第19课　长尾鸟/2课时

(四)山　居 …………………………………………………… 10课时

第20课　山　村/2课时

第21课　闲　居/2课时

第22课　山　水/2课时

第23课　野　趣/2课时

第24课　游　山/2课时

二、幸福校园 …………………………………………………… 18课时

第25课　歌　舞/2课时

第26课　健　体/2课时

第27课　竞　技/2课时

第28课　学　戏/2课时

第29课　生　角/2课时

第30课　旦　角/2课时
第31课　净　角/2课时
第32课　丑　角/2课时
第33课　武　戏/2课时
三、灿烂童心 ………………………………………………………… 12课时
第34课　我的梦/2课时
第35课　生活乐/2课时
第36课　画肖像/2课时
第37课　诗画韵/2课时
第38课　小绘本/2课时
第39课　漫画趣/2课时
3. 第三册内容与课时安排计划
一、陶都十景 ………………………………………………………… 20课时
第1课　善卷灵迹/2课时
第2课　竹海叠翠/2课时
第3课　文峰揽胜/2课时
第4课　团氿蕴秀/2课时
第5课　慕蠡探幽/2课时
第6课　陶艺博览/2课时
第7课　阳羡茶洲/2课时
第8课　太湖烟波/2课时
第9课　云湖佛光/2课时
第10课　铜峰天池/2课时
二、阳羡人物 ………………………………………………………… 16课时
第11课　周　处/2课时
第12课　岳　飞/2课时
第13课　苏东坡/2课时
第14课　陈庆之/2课时
第15课　蒋之奇/2课时
第16课　卢象升/3课时
第17课　孙　权/3课时
三、荆邑遗韵 ………………………………………………………… 32课时

第18课　崇读书/2课时

第19课　厚德礼/2课时

第20课　水墨香/2课时

第21课　摊簧戏/2课时

第22课　老房子/2课时

第23课　赶集市/2课时

第24课　观蝶节/2课时

第25课　过春节/2课时

第26课　闹元宵/2课时

第27课　清明节/2课时

第28课　画生肖·鼠牛/2课时

第29课　画生肖·虎兔/2课时

第30课　画生肖·龙蛇/2课时

第31课　画生肖·马羊/2课时

第32课　画生肖·猴鸡/2课时

第33课　画生肖·狗猪/2课时

三、课程实施与教学建议

（一）课程实施

1. 课程设置

学校每周开设水墨社团活动课，每周四下午两节课落实《水墨·阳羡》教学，每节课配两个辅导老师。

2. 教学安排

一至六年级共105课，完成210课时教学。

(1) 一二年级计划完成第一册33课，计划每周完成2课时，一二年级完成60课时。

(2) 三四年级计划完成第二册39课，计划每周完成2课时，三四年级完成78课时。

(3) 五六年级计划完成第三册33课，计划每周完成2课时，五六年级完成66课时。

（二）教学建议

1. 要注意教学的整体性

要根据小学生学习水墨画的特点和规律，整体考虑教学内容，形成单元教学有主题性，年级教学有梯度性，年段教学有衔接性的特色。

2. 要注意教学的目标性

水墨画教学中，教师要对照2011版《义务教育美术课程标准》规定的教学目标，认真落实好“造型·表现”、“设计·应用”、“欣赏·评述”和“综合·探索”四个学习领域目标。注重“玩水墨”的情趣培养，充分体会阳羡文化背景的水墨画教学特有的魅力。

3. 要注意教学的基础性

要注重基本的水墨技法教学，为学习中国画打下一定的基础。但要注意，应从学生实际出发，遵循学生认知发展规律，避免学科知识专业化倾向。“文化链接”、“学习建议”、“水墨窍门”与“你知道吗”：要介绍文化背景、名家故事及水墨画技法等知识，让学生了解一些绘画素材背后的文化及基本知识。“名家范作”：要将大师作品的欣赏贯穿于教学过程，引导学生对徐悲鸿等画家名作的赏析，让学生了解艺术与社会、艺术与历史、艺术与文化的关系。通过临摹活动，让学生很快掌握基本的水墨画技能方法。“同题异构”：要结合学生的生活经验和文化背景，通过个性化的同题异构，培养灵性、发展个性。

4. 要注意教学的灵活性

水墨画教学的内容、方法、形式，要视学生的实际情况，因材施教，灵活调整，力求实效。

5. 要注意教学的文化性

水墨画不仅是作为一种技能学习，更应作为一种文化学习。要牢牢把握“文化化人”的核心价值，积极挖掘国画蕴涵的文化特质，将技法学习的层面提高到文化学习层面，让学生在高雅文化的浸润下，感悟精神之美、格调之美、意境之美。

四、课程评价

要注重评价与教学的协调统一，加强形成性评价。既要关注学生掌握水墨画的知识、技能的情况，又要重视对学生水墨画学习的能力、态度、情感与价值观等方面的评价，更要重视对学生形成精气、神韵、品格等文化气质的评价。

1. 重视学生的自我评价

在重视教师与他人对学生学习状况进行评价的同时，更应重视学生的自我评价。教师要了解学生的学习态度和学习特点，了解学生对国画知识、技能的掌握情况以及在观念和方法上的进步，发现学生的潜能，了解学生发展中的需求，及时给予针对性的指导，培养学生独立思考、自我分析的能力，树立学习的信心。

2. 注重学习的表现评价

要将学生参与教学活动时的表现作为评价重点，通过现场学习观察，分析学生在水墨画学习中的具体表现，对其在学习活动中的能力、态度、情感、价值观等方面予以综合性评价。要根据不同个性和能力的学生的水墨画学习状况，指导和评价学生，帮助学生了解自己的学习能力和水平，鼓励每个学生根据自己的特点提高学习国画的兴趣和能力。

3. 形成级段的激励评价

要建立以专家、教师、学生、家长共同参与的激励性评价机制，结合少年儿童的特点，建立阳小水墨画评级标准，采用自评、互评、展评、考级等多种方式进行学习成效的评价，鼓励学生积极参与、大胆表现、活泼发展。

特色"化归":寻找自己的"那一个"
——学校特色建设的本质回归与深度转化

【摘　要】学校特色建设转型期,需要警惕特色"窄化""泛化""虚化""俗化"等偏离文化核心的现象,紧紧围绕"提高质量"与"内涵发展"的旨归,在从"亮点"到"点亮"、"发生"到"生发"、"好看"到"看好"、"生本"到"本生"、"人化"到"化人"的深度转化实践中,探索特色共性可用、个性可融、知性可读、童性可玩、理性可行等有效路径,积极构建自己的"教育哲学"。

【关键词】学校特色;本质;转化;路径

作家刘轩在《寻找自己》一书中说:"我们活着,是为了寻找自己!"学校教育也同样如此。时下,校校做"品牌",个个争"不同",特色建设颇为"繁荣"。然而,在学校特色发展的转型期,误读、盲从、低俗、偏颇等问题并不鲜见,需要理性思考、修正化归,积极探寻一条适合"自己的"有效路径。

一、"问诊":我是其中的"哪一个"

推进学校特色建设有利于增强学校活力、提升办学品质。而特色建设牵涉到整体与个体、共性与个性、方法与路径、传统与创新等方面的关系,把握不好,容易顾此失彼、误入盲区。

1. 跟着"竞赛走",特色"窄化"

功利主义和机会主义历来不缺市场。考察一下特色学校的典型经验,管理者无不对取得赛绩津津乐道,"奖牌成色决定学校特色"几成定识。为了在艺术会演、体育运动、学科比赛等竞赛中争金夺银,学校各显神通,高薪聘教练,想法挖苗子,甚至占课抓训练,艺术、体育、科技等所谓的"特色"在精英竞技中粉墨登场,"小众"的奖牌光环容易遮蔽管理者的教育眼光。

2. 跟着"个人转",特色"泛化"

校长是影响学校文化的核心人物,其办学主张、领导水平、专业素养等引领着特色方向,左右着文化品位。但是,如果校长浅读或误判特色,一味跟着个人喜好转，特色教育将会有被“泛化”的危险。张校长主张抓写字，李校长主张搞民乐，一任一个主意，校本教材满校飞，十年还是“老样子”；王校长喜好书法，带领全体师生练书法，森森碑帖进校园，整个校园只有书法的“黑白红”，即便诠释了“字如其人”的价值，但“千人一色”的“特色”岂是教育追求之本？

3. 跟着“文件跑”，特色“虚化”

自上而下的文化推动本无可厚非，但行政化干预过多，反而会束缚学校特色办学的自主性。领导拍拍脑袋决策，学校挖空心思创建，一纸并不一定科学的特色条例，引来多少“唱空调”者。有的学校为了特色达标，想方设法搞一个“人无我有”的项目，外聘师资开销大，“借鸡生蛋”难长久；有的学校“智慧过人”，来点“一招鲜”策略，几十人的“啦啦操”，形式化的千人“跑操”就“独领风骚”。看似“区域化”推进，实则“空心菜”繁荣。

4. 跟着“盲流飘”，特色“俗化”

如今传统文化趋热，不少学校盲目跟风，喊着“回归”口号，穿汉服，拜孔子，背古训，艰深文言满墙挂，“俗化”了经典文化。有的学校搞民俗特色，将好端端的校舍粉饰成俗气的“农民主题公园”；有的学校搞国学运动，不加研究与筛选，《弟子规》《三字经》等直接搬进课堂，摇头晃脑背诵经典；有的学校搞石文化，标新立异，随意解读，甚至将“石(实)事求是”“石(实)心石(实)意”等明显违反文字规范的标语搬上了文化墙。诸如此类，看似“有根”，却如“无根”豆芽，好看“有毒”，不要也罢。

……

文化是学校内涵所在，离开文化，学校将一无所有。上述种种特色表象再次提醒我们——发展特色不要偏离了文化轨道，迷失了教育的方向。

二、“寻本”：学校特色“为哪般”

什么是学校特色？目前，学者对学校特色与特色学校的概念界定尚存异议，孰宽孰窄难有定论。笔者认为，“特色学校”是学校的某个方面有鲜明个性与优势的显性特征，“学校特色”是独特、优质、整体和稳定的办学气质和办学风格。

其实，我们不妨跳出专家的概念圈定，把注意力投向特色办学的初衷：为什么要发展学校特色？《国家中长期教育改革和发展规划纲要(2010—2020年)》指出：“树立以提高质量为核心的教育发展观，注重教育内涵发展，鼓励学校办出特色、办出水平，出名师，育英才。”可见，“提高质量”“内涵发展”是特色建设的核心旨归。也就是说，“从根本上讲，学校追求特色发展是为了让每一个学生接受更高质量的教育，特色是高质量教育的必然要求。”[1]

鉴于“质量”与“内涵”的理解比较宽泛，我们需要紧扣特质，固化认识，让形态多样的特色共性可依。

第一，整体发展性。特色学校的形成，不是学校局部的提升与优化，它本身即具有整体性的特点。[2]学校特色建设应追求“有特色的文化完形”[3]，要指向“每一个”，努力满足全体学生的发展需要，促进整体可持续发展。

第二，品质优越性。学校不但要在办学思想与理念上具有先进性，而且要在某方面的教育教学实践上具有先进经验和传统优势，并不断提高新品质，在同类学校中保持领先水平。

第三，自我独创性。学校特色不能靠复制移植或模仿而得，而要基于学校自我的分析提炼，挖掘自身内隐的独特价值，寻找适合自己的办学思想、理念与呈现方式，彰显自我的独特魅力。

第四，文化生成性。学校特色的形成与发展不是一蹴而就的“快餐”，而是一个从优势项目或学科，逐步内化为师生的意识、行为、精神，使之蕴含在鲜活的学校文化中，生成一种稳定的特色文化的过程。

三、“化归”：寻找自己的“那一个”

发展学校特色，既有共性的规律遵循，又有个性的校本选择。如何基于本我地突破“两难”，实现“项目”到“文化”的深度转化，是特色再发展的关键所在。多年来，我校致力于水墨特色实践研究，积极探索学校特色深化的有效路径。

1. 从“亮点”到“点亮”，让特色共性可用

在特色建设中，寻找和培植一个“亮点”项目并不难，难就难在共性文化的“点亮”，使特色与学校文化达成一个深度的统一，推动由项目运作向整体发展转型。这需要从文化创生的立场出发，理性分析自我，围绕学校精神、办学愿景、特色主旨、建设理念、发展思路等做整体而适己的“定制”，让学校特色能够向学校教育的“四面八方打开”。

我校在2005年开始培植儿童画优势项目；2007年建设美术优势学科；2011年启动国画特色建设；2013年评为市3A特色学校，100多人的水墨作品在全国和省市教育部门组织的竞赛中获奖（全国一等奖5个，其中教育部一等奖1个），特色成果颇丰。但理性思考，特色尚停留在“小众化”层面。2013年学校教代会提出水墨特色再发展主张，形成特色“向文化转型”的共识。

（1）**文化定位**。确定了发展“水墨·阳羡”（“阳羡”，地域古称，校名）的文化主题和“以画养品，以文化人”的价值主旨，将特色建设与儿童立场，与校训“力行”，与办学愿景（阳羡：一个阳光灿烂得令人羡慕的地方！）呼应，依托水墨的“形式美”，寻

找本我的“文化美”。

（2）**思路定向**。设计架构“优势项目—特色学校—学校特色”的发展思路，着力推进从“项目”到“文化”的深层转化。

（3）**理念定识**。基于学校整体发展提出了“用文化浸润童年，用精神浸染童心，用水墨浸盛童趣”的教育理念，试图通过水墨“亮点”去“点亮”学校文化，用文化精神与人性自由晕染出“灿烂阳羡”的文化力。

2. 从“发生”到“生发”，让特色个性可融

特色之“特”在于其独特个性的存在，特色之“色”在于其优势放大的效应。虽然基础教育学校的内容、体制等大致相同，但由于人的不同，以及历史背景、教育理念与方式等不同，每所学校都客观“发生”着某种个性和优势积淀，需通过价值提炼、调整提优、课程提升等再优化的运作活动，冲破幽深狭窄的项目和学科“壁垒”，在自己的土壤中“生发”出新的文化，并融入学校教育整体，以适应不同学生的个性化发展需求。

（1）**项目自适**。学校从自己的优势项目或学科侧面切入，选择水墨画教学作为创建项目的价值思考在于自适发展。一是为求“美”，让美贯穿教育各层；二是为求“自由方式”，借鉴儿童水墨自然自由的方式，“融化硬生生的教学”，通过“改课”促进“课改”；三是为求“文化传递”，用水墨蕴涵的传统文化精神，“融发活泼泼的心灵”。

（2）**精神自需**。学校经历一定历史积淀与文化凝练的校训是构建学校特色的核心与灵魂所在。围绕本校的“力行”文化核心，提炼水墨精神“六要素”：神，精神、情操；气，气度、气质；意，意味、情趣；韵，自然、韵味；品，品质、品行；智，灵性、智慧。并进行校本化的解读，架构自己的“水墨·阳羡”精神脉络，使之融入课程，生发文化。

（3）**课程自述**。校本课程开发是特色深化的关键环节，也是特色个性显现的重要方面，需要“扎得更深”地思考、“指向核心”地构建、“结合本土”地发掘、“基于自己”地表述。我们通过《水墨·阳羡》校本课程不断更新与优化学校观念文化、制度文化和行为文化。

3. 从“好看”到“看好”，让特色知性可读

“校容校貌构成了学校特色的表象层。”[4]透过表象，也能洞见学校特色的“知性”（指内在的文化涵养自然发出的外在气质）之美。古人云：“旁求俊乂，以辅至化。”这种“知性”美既是一种形式美的“好看”，又是一种陶化人的“看好”。

教育需要“直面未知的世界”，“未来属于有不一样特质的孩子”。[5]学校更重要

的使命是“发现”学生的个性，“看好”不同特质的精彩，“寻找新的教育起点”，[6]为每个儿童的“好未来”而教。从这个意义上看，学校不应囿于“奖杯”“美作”等视觉上的“好看”，而应偏向儿童成长的姿态“好看”和儿童幸福未来的“看好”，让学校的“墙壁”真正成为儿童“自己的墙”和“可读的书”。

(1) **长廊即课程**。学校把美化功能的百米长廊改造成“水墨·阳羡”文化长廊，展示“水墨的精神”“幸福的老师”“成长的学生”等文化版块，长廊绿藤下可赏、可憩，物化的“校本课程”让每一个人都“可读”。

(2) **展厅即课堂**。学校“水墨·阳羡”展厅功能在“长”度与“宽”度上做文章：一方面组织水墨特色性个人和集体展览，让特长更“长”；另一方面让小摄影、小篆刻、小制作、小发明、小藏书、小集邮等专题展进展厅，满足各层需要，让兴趣更“宽”。学校展厅成为每个学生可参与的“第二课堂”，让每一面墙都“可看”。

(3) **走廊即画廊**。学校每个走廊窗户顶都安装了“简易挂钩”，200 多个少儿国画院学生富有个性的水墨小品都能用卷轴形式展示，让学生的每一幅画都“好看”。

(4) **楼台即展台**。从“人人有才”理念出发，细致采集每个学生的“闪光点”，特别为不容易受关注的“后进生”颁发“校长特别奖”，并将颁奖照布置楼台等显眼处，让每个学生的未来都“看好”。

4. 从“生本”到“本生”，让特色童性可玩

“玩”是儿童这个自然生命体的最大“童性”(指儿童表现出来的精神特质和活动特征)，也是他们最认同和最有效的学习方式。“玩”可让文化更容易地抵达儿童心灵，自然生长并外显出更富灵性的文化特质，真正实现儿童“本生”(自身)发展的教育本义。故，发展特色应秉持儿童立场，以“生本”为出发点，顺应孩子“童性”，用儿童的视角审视，用儿童的方式学习，用儿童的心智思考。

(1) **老师能玩：“学术”变“玩术”**。理学大师程颢说：“读书要玩味。”教师发展专业也要“玩味”，不光为自己玩，也为读懂儿童带学生玩。“玩”出专业乐趣与专业素养，“玩”成生活方式与教学品质，达到“同成长”的本来目的。

办公室“玩墨香”。美术组五位美术老师一有空闲，就会汇集一起品茶玩墨、切磋研究，也吸引一批老师自觉参与，形成了一种“玩墨香”的办公室文化。学校顺水推舟，聘请 10 多位本土画家为学术导师，支持参与研修、画展、沙龙等文化活动，促进专业成长。目前，五位老师全部成长为省市美协、书协会员或教学骨干。

(2) **学生想玩：“教学”变“玩学”**。学生主动参与特色活动的“程度”决定特色建设的“深度”。深化特色须研究孩子的“童性”，发现儿童的“玩性”，把“教”转化为

"学",把"学"转化为"玩",用柔软的方式构建学生"想玩"的平台,让孩子自由自在地沉浸在"玩"与"学"的意义中,玩出情趣与智慧,学出快乐与成效。

教学有故事。教师不但传授水墨技法,更加重视文化晕染,提倡"有故事地教,有个性地学",用文化打动学生。

素材有意思。水墨素材注意与茶壶文化结合,与儿歌诗词结合,与童心童趣结合,对接本土文化的"地气"与儿童自然的"灵气",多向表达,自由吸纳。

形式有玩头。采取同题异构、联合作画、群体作画、诗词配画等儿童喜爱的方式吸引学生"玩"在其中。如,2014 年 4 月百名学生乡土采风,并在首届徐悲鸿艺术节现场创作了一幅《幸福阳羡》百米水墨长卷捐赠给徐悲鸿艺术馆收藏。

(3) **活动好玩:"感动"变"感悟"**。儿童的学习是一种带有鲜明的感性色彩的心智活动。因此,学校要设计、组织触及地气和感动童心的好玩活动,积极回应其发现、体验的需求,通过儿童自己喜欢的体验活动,在学生内心深处生成难忘的童年记忆,有机构成学校特色文化的重要部分。

水墨采风。带领学生打破课堂边界,定点文化博物馆、精陶研究所、名人壶庄等水墨采风基地,亲近社会与自然,触碰生动的文化素材。并郑重其事地将学生作品与艺术家一起在市美术馆、悲鸿纪念馆等艺术殿堂隆重举办展览,让学生感动于成长之美。

文化自历。建立"一个研究主题,一次文化体验,一张实践照片,一点写生感悟,一幅水墨作品"的经历与创作活动样式,通过设计制作小品纸扇、水墨挂历、生态画册、连环故事、作品赏评等活动,沟通学科联系,开阔眼界,拓展知识,让学生感悟文化之美。

5. 从"人化"到"化人",让特色理性可行

发展学校特色的核心指向"化人",实现项目向文化转型的关键也是人。因此,学校内部要围绕校长、教师、学生等"人"这个决定因素展开,建立理性而"人化"的特色运行机制,摆脱非理性和非人性化的消极因素,形成"人化"与"化人"的价值呼应,并在"人化"与"化人"的互动过程中实现文化提升。

(1) **"同化"机制**。要在理性精神与人本精神观照下,建立起师生行为与价值取向相一致的内部管理机制,支持学校特色的形成与发展。一是以"价值"为向标,引导师生围绕共同愿景,凝聚追求共同价值的向心力;二以"责任"为纽带,倡导"我责"意识,引导行动自觉,提高特色持久发展的执行力;三是以"创新"为核心,引导师生自主与协作,激发特色创新的活力与慧力。

(2) **"消解"机制**。特色发展过程中必定会出现问题与矛盾,必须遵照规律,依

靠校长、教师等建设主体通过课题研究去发现问题、研究问题、化解问题，不断改进特色建设的内容和方式。

(3) **“互动”机制**。除了内部的自律自为，还要建立沟通内外的交流机制，吸收整合有益资源，拓展发展空间。如，学校发起成立以“交流借鉴，协作研究，资源共享，协同发展”为宗旨的“无锡市水墨教学特色学校联盟”，围绕水墨画教学和特色建设开展交流合作活动，充分利用和共享资源，不断吸纳群体智慧，促进共同发展。

特色“化归”路径很多，关键要立足本我、务本力行，开拓出一条适合自己的特色发展之道，让学校特色不断在“可用、可融、可读、可玩、可行”等实践中自由生长，提升办学品位，促进内涵发展。

（杨友平）

【参考文献】

[1] 张熙.为学校特色发展找一条合适的路径[J].人民教育，2014(9).

[2] 叶波.论校本课程开发与特色学校建设[J].教育发展研究，2011(20).

[3] 孙孔懿.学校特色论[M].北京：人民教育出版社，2007:34.

[4] 杨九俊.学校特色建设："寻找属于自己的句子"[J].教育研究，2013(10).

[5][6] 李帆.教育：直面未知的世界[J].人民教育，2013(6).

此文荣获2017年江苏省“教海探航”征文竞赛一等奖。

水墨·阳羡　幸福童年

——宜兴市阳羡小学水墨特色文化建设侧记

“三(2)班余悦同学小小年纪就荣获全国校园艺术展演一等奖，不容易！”“嗯，这可是教育部颁发的证书！”“五(2)班陆奕锦同学也不错！水墨画《幸福的味道》也获得全国‘老少共画中国梦’书画展评二等奖，是江苏唯一的最高奖！”“听说这次比赛含金量挺高，全国一等奖也只评了一个。”参加无锡市水墨特色教学研讨活动的老师们在参观阳小水墨展览时赞叹不已。

阳小启动水墨特色建设至今不过四年时间，学生水墨画作品屡屡在全国摘金夺银，学校素质教育为社会群众所称道。他们如何追求“共性”与“个性”的统一？

一、高处立，让水墨可用

在文化自觉的新视角下，当各校趋之若鹜地追捧茶艺、陶艺、竹艺等特色项目，急迫地打造自己的“时尚”和“名片”时，阳小人冷静地思考着特色发展的本质问题：为什么发展？怎么发展？谁去发展？这些价值追问个个指向特色可用性问题。

2012年1月10日，阳小教代会上老师们围绕“水墨特色项目如何走？”展开热烈讨论。教导主任吴红娟说：“发展‘水墨·阳羡’的目标，不应仅仅追求一张特色名片，更为寻找幸福文化的转型路径。”教科室主任曹冰说：“发展水墨特色就是为了重拾教育的积极要素，为了更好地服务‘每一个’。”国画老师周亚君说：“水墨·阳羡正是我们特色再出发的地方。”……通过群体智慧，大家把眼光聚焦在“文化”上，把重心放在“可用”上，一个特色发展思路逐步明晰：一是明确“文化化人”的核心，围绕“以画养品，以文化人”的建设宗旨，将水墨特色与校训(“力行”)呼应，与办学愿景(阳羡：一个阳光灿烂得令人羡慕的地方！)呼应，与幸福教育呼应。二是明确“文化转型”的思路，把价值追求定位在“美”“自由”“精神”等文化要素上，沿着“特色项目—特色学校—学校特色”的发展思路，借用水墨的自由、培育求美的意识、彰显文化的精神，从而改良教与学的方式，促进教学的整体优化。三是明确“基于儿童”的理念，主张“用水墨浸盛童趣，用精神浸染童心，用文化浸润童年”，通过水墨的文化力获得教育的发展力。

二、深处寻，让水墨可溶

“中国画与传统文化精神互为表里，这种积极元素正是我们水墨特色的文化之源。”新任校长、特级教师汤建英在调研学校特色再发展时强调。

面对博大精深的国画艺术，他们用教育的眼光，敏锐地捕捉着水墨背后的精神元素：用水墨传“神”，用水墨养“气”，用水墨达“意”，用水墨至“韵”，用水墨立“品”，用水墨启“智”，将水墨精结合“阳羡文化”素材，架构了《水墨·阳羡》校本教材内容，依托水墨特色课程，“融化硬生生的教学，融发活泼泼的心灵”，推进“项目”向“文化”转型。

“叮铃铃”，下午第二节课刚下课，一群小朋友带着笔墨喜滋滋地赶往“阳羡少儿国画院”参加社团活动，自己打水倒墨、备纸铺垫，课前“早早候课”、课堂“沉浸水墨”、课后“依依不舍”，连一年级学生也个个专注于水墨意趣中，喜爱之情溢于言表。这种对水墨的喜好，或许源于儿童对文化的追求，或许源于摆脱了技法的束缚，或许源于自适的水墨意趣。更重要的是，他们淡化了特长的技术桎梏，指向了“每一个的水墨体验”，营造了学生自适的幸福文化场。

三、席地坐，让水墨可看

让无形的精神与思想变得有形可看，可以彰显学校文化的形象力。走进阳小，阳羡校园宛如一个艺术大展厅，“每一面墙都说话”“每一个学生能说话”，一种人文气息扑面而来。“长廊即教材”，百米“阳羡国画文化长廊”展示了十大中国名画、著名宜兴籍画家、国画四君子、100 多个孩子的水墨作品，玉兰树下木质长椅方便学生赏画、小憩、读书，沉浸在自在的文化里；“楼台即展台”，每个楼梯平台都有介绍校园里的小画家、小能人；“走廊即画廊”，每一条走廊墙壁上独具匠心地留了卷轴挂钩，《晒壶》《接力》《学戏》《做彩陶》等 200 多个水墨卷轴作品随时展示；“展厅即课堂”，定期举办学生个展与联展，每一个学生成为大课堂的主人；还有“水墨·阳羡”校报、“悲鸿”雕塑、水墨古诗苑、水墨画室等，学校每一面墙壁都是学生的展台。

2014 年 5 月 29 日，宜兴市委书记王中苏、市长张立军等“四套班子”的领导走访慰问了阳小师生，饶有兴致地观看了水墨画展与社团活动。王书记对阳小近年来水墨特色教育理念与成果给予了很高的评价，特别是看到两位学生新合作的《幸福阳羡》作品，更是啧啧称赞：“小小年纪，水墨画就非常出色，有功底、有想法、有内涵。”还欣然为阳羡少儿国画院题词：“水墨·阳羡、幸福童年！”

水墨表达，其乐融融。通过把水墨作品“上廊、上墙、上媒体”的方式，生动地传“神”、养“气”、达“意”、至“韵”、立“品”、启“智”，展示特色，展现文化。

四、心向往，让水墨可玩

理学大师程颢说：“读书要玩味。”阳小师生把水墨的“教”着眼于学生的“学”，把学生的“学”贯穿于学生的“玩”，“老师能玩，玩出专业”，“学生想玩，玩出意趣”，“活动好玩，玩出文化”。美术组五位老师每天坚持利用闲暇时间，围坐一起切磋书画技艺，品画、弄墨、谈心，构成了一个基于办公室的“水墨圈”。这个“水墨圈”在学校的支持下不断壮大，吸引了一批其他学科老师的参与。五位美术老师全都加入了省市书画家协会，与专业书画家弄墨交流，蒋峰、马圆圆、吴娟老师还在宜兴王府、嘉和堂、悲鸿馆、美术馆等地举办个人书画展，自悦地开发自己。

阳小提倡“有故事地教，有个性地学”，课堂会“玩水墨”、教学有故事、素材有意思、形式有童趣，将水墨素材与阳羡文化结合、与儿歌诗词结合、与童心童趣结合，用文化打动学生，组织同题异构、联合作画、群体作画、诗词配画等儿童喜爱的方式吸引儿童、自由表达。

2014 年 4 月 28 日，阳羡少儿国画院的百人“小画家”应邀参加首届徐悲鸿艺术节，现场创作了一幅《水墨·阳羡》百米水墨长卷，作品技法娴熟、阳羡文化浓郁，受到与会老画家们的称赞，水墨长卷被徐悲鸿艺术馆收藏，徐悲鸿艺术委员会秘书长廖鸿华先生颁发了收藏证书。

五、实处做，让水墨可行

“唐硕谦同学的《西域风情》枯笔浓墨勾勒有沧桑感，佛塔淡墨映衬有层次感，见功力。”“钱桢舟小朋友的《农家自堪乐》构图好，有特色。建议在作品上端画几根电线和小鸟补白更有视觉冲击力。”宜兴美协主席吴俊达等书画名家进课堂现场指导学生创作。学校引进社会人力资源协助特色办学是有个有效路径。宜兴“书画之乡”孕育了徐悲鸿、钱松嵒、吴冠中等一大批国画名家，为阳小提供了丰厚的人文资源。学校聘请在宜知名书画家担任少儿画院导师，借助本土专家的学术力、影响力与感染力，专业引领课程建设，让特色建设“少走弯路”。作品《农家自堪乐》后来获得第四届全国“悲鸿杯”青少年绘画比赛一等奖。

汤建英校长认为：“创生一种学校特色文化，需要用专业的眼光去尝试构建，还需要用科学的眼光去发现问题和研究解决，这是文化提升的必由之路。”

学校课题组注重行动研究，让特色建设更加可行有效，积极开展省规划课题《阳羡文化境域中儿童水墨特色课程开发研究》，构建实践体验机制和评价机制，打破课堂界限，带领学生走出校园，参观龙窑古迹、探访老街牌楼、体验采茶、玩壶制陶，走进展厅举办展览、编印画册、段位评比……不仅积累笔墨素材，更得到“地气”里的文化陶养。

“透过形式美，寻找文化美！”阳小人生动地回应了特色发展的幸福教育主旨。水墨自然，力行文化，传递着中国文化的卓越精神，追寻着文化自适的教育生态。

（杨友平）

灿烂阳羡　水墨晕染
——基于阳羡本域文化的少儿水墨画教学素材与方法

各位领导、专家、老师：

很荣幸有机会参加这样高水平的水墨画教学研讨会。因为，我深刻体会到，“有学习才会有提升，有交流才会聚智慧”。两年前，我校美术组在教科研周老师的关心下，学习考察了育红小学和前洲小学两所美术教学特色学校，在先进经验的启迪下，我们学校在水墨画教学的探索实践中也取得了一些进步：我校在教育部、教育厅、教育局等教育行政部门组织的绘画比赛中，有50多人的水墨画作品获奖：一位学生作品获江苏省一等奖第一名和教育部一等奖，学校多次成功举办市级以上大型师生画展，少儿国画教育研究论文获江苏省第四届校园艺术节二等奖，去年破格评为宜兴市最高级别的AAA级特色学校。

下面，我就“少儿水墨画教学的素材与方法”话题谈几点不成熟的想法与做法。

一、少儿水墨教学的向度：为什么而教学

我们在忙于水墨画教学时候，是否要思考一个教学向度性问题，少儿水墨到底为什么而画，水墨画教学到底需要传递什么样的教育意味？我们的校本应答是“以画养品，以文化人”。因为，水墨画教学不仅仅是传统技能的传承，更应是文化精神的传递传承。忽略了“以画养品”，忽略了“以文化人”的价值取向，我们的水墨画教学只会是“有形无义”的机械复制和线条堆砌。如，这些学生作业似乎构图和题材蛮有生活气息，但通过画面和落款可以洞见社会某些文化对学生成长潜移默化的影响。可见，应该重视匡正水墨画的文化向度，从形式到内涵，都要始终贯穿养品化人的精神主线，自觉通过水墨的型，传达文化的义。

二、少儿水墨教学的角度：拿什么来选择

“巧妇难为无米之炊，亦难为有米之困。”当今多元化时代，为我们提供了丰富的学习素材，但带来的问题是，“元素越多越缭乱”，让人无所适从，是否有一条线索可依？首都师大尹少淳教授指出，“当前世界美术教育呈现的一个重要趋势是关注美术教育的文化属性，主张引导学生关注世界多元文化与本土文化。”

“本土的文化就是民族的文化”。的确，少儿水墨教学必须与本土文化的视界相融合，将携带着乡土气息的文化元素纳入课堂教学，在文化里寻找和呈现国画的神与造型的美，其价值不仅仅是对“文化繁荣”的一种呼应，对民族优秀文化的积极传承，更是对本土文化逐渐西化的一种“救赎”。阳羡小学因宜兴秦晋古称“阳羡”而得名，我们把视角投向阳羡文化，一方面依托阳羡本域的“陶都宜兴”“教授之乡”“书画之乡”“梁祝故里”等知名文化优势，另一方面依托阳羡小学的力行文化背景，选择契合学生的水墨画教学素材：

1. 与情趣结合：水墨童心，以画养趣

中国写意画表达了一种意向、情趣，我们理解的水墨画是什么？某种意义上看是一种顺应童心童趣的水墨表达形式。因为，在我们看来，孩子的童心是最值得珍视、最为灿烂的美丽风景。我们基于儿童的立场出发，尽可能通过这样的水墨载体，让学生自由描绘灿烂童心，尽情品味笔墨意趣。

2. 与特色结合：陶韵茶香，以画养品

紫砂壶与阳羡茶，都是宜兴闻名海内外的本土特色。我们家家户户常见的生活用品、生活小器物反映出宜兴人温润闲适的生活方式和素朴典雅的品质追求。在我们的课堂教学中，只要轻轻点击陶与茶，学生便自然进入亲近的生活场景，用水墨自由表达陶韵茶香。

3. 与古迹结合：阳羡记忆，以画养神

“中国绘画是中国民族精神的最大表白，也是中国哲学思想最亲切的某种样式。”阳羡文化，古韵悠长。我们每学期水墨画级段评比，突出“五个一”(一个主题、一次体验、一张照片、一点感悟、一幅作品)，让学生在乡村街道寻找周王庙、英台阁等遗迹，让学生搜集周处、梁祝等历史故事，参观悲鸿故居，举办悲鸿画展，在文化遗存与历史故事中，感受人物精神，洗涤儿童心灵。

4. 与愿景结合：多彩校园，以画养意

苏东坡说“观士人画，如阅天下马，取其意气所到”，这种“意气所到”就是一种从容力行的人生境界。校园文化是学生亲近的“成长土壤”，也是学生重要的生活素材来源。我校从力行校训出发，凝练了办学愿景——阳羡：一个阳光灿烂得令人羡慕的地方。相映在灿烂阳羡的力行文化愿景下，校园文化多姿多彩，使得我们的水墨题材也充满了勃勃生机。

5. 与诗文结合：宜人山水，以画养文

传统国画中，诗、书、画、印总是紧密结合的，在世界美术史上是独一无二的艺术表现形式。我们将水墨画教学与语文学科的经典诵读相结合，突破学科壁垒，让学生收集、整理、阅读与宜兴有关的经典名人诗作，行观景致，坐读诗文，或是自由呼吸、感悟诗意，或是尽情遐想、创作新诗，或是以诗作画、诗画璧合，营造浓浓的人文氛围。

6. 与采风结合：闲居乡情，以画养雅

手拿相机，童眼观察，探寻宜兴人闲雅生活。林间弈棋放歌，竹下会友品茶，东氿划船垂钓……远离了城市喧哗，陶醉在闲居雅趣中，“拉根线条去散步，消解功利浮躁，享受甜美生活。”

7. 与彩陶结合：鸟栖花艳，以画养韵

美彩陶是宜兴陶瓷“五朵金花”之一，它造型优雅，色彩斑斓，总能吸引学生的关注。美彩陶形式的绘画，给予学生很大的素材展示空间：无所不含。学生作品中，点点水墨，煜煜花颜，浪漫飞扬。鸟栖、花艳、鱼欢，一幅幅动人画卷，让童梦插上翅膀，将童年染上芬芳。

三、少儿水墨教学的厚度：该怎么去深入

当我们在本土文化中汲取“神、趣、品、意、韵、文、雅”，寻找自己阳羡特质的路径的同时，我们清醒地认识到：教学特色形成容易，特色深化更需要不断“厚积”。这种厚度从某种意义上看，我们应具有问题意识与研究意识，就是所谓的——思路决定出路。这几年，我们注重在实践中思考出路，在研究中完善方法。

1. 拓宽视野，避免“高原化”

学生水墨探索的情趣弥足珍贵。当长时间固定在一个主题背景下学习，学生容易进入学习高原，兴趣势必没有初期浓烈。于是，我们在保留阳羡风景的同时，注重推开窗户，基于民族文化精粹，选择了更为丰富的题材，收到不错的效果。如，与古文字相结合，与古壁画相结合，与青铜器相结合，学生的文化视野拓宽了，画作题材丰富了，探究的欲望也更强烈了。

2. 专业引领，避免“自由化”

少儿水墨的特点就是能够自由、尽情地表达，令人收获意外惊喜。但是，如果过于放手自流，离开专业的支持，离开老师的自主，这样的特色也只能是夺人眼球，这样的“自主学习”只能是个伪命题，很有误人子弟的危险。我们提倡“老师专业地教”，“学生自由地学”，美术组五人有空余，就会品画弄墨，发展专业，成为省市书画家协会会员并多次举办书画展。

3. 基于儿童，避免“成人化”

我们发现，高年级学生的水墨画水平提高到一定程度后，儿童味就逐渐弱化了，就有“成人化”的倾向，我们在传授传统技法的同时，只是重点解读“人文意境、浓淡干湿、点线面块”，教到“半成”，剩下半成留给学生自由设计添加，既有文化技法的传递，又有儿童视界的创造，不失水墨味、文化味、儿童味。

关于“少儿水墨画教学的素材与方法”探索，我们的思考与行动还是十分肤浅，请各位领导、专家、老师多多指导帮助。

本文系 2016 年 11 月无锡市水墨研讨活动的交流材料。

乡土味 水墨趣

——儿童水墨画教学探微

【摘 要】以水墨为特色，挖掘乡土之“味”，营造水墨之“趣”，开展特色教学，对当前传统水墨画教学的理性认识，突破传统水墨画教学的弊端，从身边的水墨文化入手，挖掘乡土文化营养，创造自身水墨画教学特色。

【关键词】了解家乡文化底蕴；表现家乡风情；让“乡土味”浓一些

中国水墨画历史悠久，源远流长，它以笔墨为语言，表达自己独特的感受。感受水墨画特有的笔墨情趣，感受水墨交融的万千变化，感受水墨独特的造型之美，让学生游戏水墨，感受水墨之趣，是水墨画教学的重要环节。“水墨画”以笔墨为载体，积淀了深厚的传统文化渊源，是一方艺术创造与思想升华的沃土。少儿水墨画教学如何基于文化和儿童的立场出发，汲取乡土文化“营养”，顺应儿童成长“天性”，以水墨为特色，挖掘乡土之“味”，营造水墨之“趣”，突破传统水墨画教学的“程式化”弊端，值得美术老师探讨。

一、立足本土文化，感悟生活，激发热爱家乡之情感。

艺术的本源就是生活，生活是艺术的源泉，任何优秀的艺术作品如果脱离了生活就会变得空洞乏味，矫揉造作。利用生活中熟悉的事物，开发本土资源，激发学生的好奇心、求知欲，探究美术的奥妙，是我们美术教师当今的重要任务和职责。我所在的学校地处江南，山清水秀，人杰地灵，美誉“陶的古都”“教授之乡”“书画之乡”“梁祝故里”……文化底蕴深厚，这些都可以成为本土文化开发的资源。以《水墨·阳羡》一课为例，我从猜一猜环节入手，猜家乡地名、人物、文化，激发学生的家乡自豪感，为后面的表现打好基础。

猜地名：猜猜这是哪？去过吗？宜兴竹海、龙池山自行车公园、龙背山森林公园、玉女山庄宜园、善卷洞……我们宜兴真是个令人羡慕的地方呀！由善卷洞引入人物故事传说。善卷洞—碧鲜庵—祝英台读书处—梁祝传说。宜兴还有哪些人物呢？猜人物：猜猜这是谁？和我们有什么关系？历史名人传说故事：范蠡与西施、梁山伯与祝英台、供春、苏东坡……你知道阳羡第一人物是谁吗？周处。宜兴真是大腕云集呀！宜兴这么美，你会用哪个词来形容与赞美她？美丽、灿烂、魅力、富饶……作为一个宜兴人，作为一个阳羡人，我们应该感到骄傲。从而巧妙地导入了课题今天这节课，我们要学习用水墨描绘我们文化灿烂的阳羡。

其实，这些家乡风情、家乡人物、家乡美景，都成了我们水墨创作的无尽源泉。有了这些乡土元素，学生画出来的水墨作品自然能接地气。

二、浓郁“乡土味”，仿效家乡“画坛巨匠”，探究绘画之技法。

儿童学习国画除了学习技法，更重要的是能够在学习技法的过程中吸纳传统文化的精髓。我们知道，每个人都是于本土文化中成长起来的，都对自己所处的文化有着切身体验或感受。并且，本土文化也对其生活习惯、思维方式、精神观念等起着潜移默化的影响。在水墨教学中，我注重让课堂的“乡土味”浓一些，鼓励学生以家乡文化为主题，画出“乡土美”的水墨特色作品。

说到水墨画，宜兴可以说是全国闻名。宜兴是有名的书画之乡，出了许多全国甚至全世界有名的大画家。今天，我们就从宜兴的画坛巨匠入手展开美丽的阳羡风情长卷——探究一下我们可以画什么？怎么画？画坛巨匠：徐悲鸿(1895—1953)，江苏宜兴屺亭桥人。中国现代美术事业的奠基者，杰出的画家和美术教育家。(图片出示：徐悲鸿像、代表作品、画家笔下的徐悲鸿。)吴冠中：吴冠中(1919—2010)，江苏宜兴人，当代著名画家、油画家、美术教育家，油画代表作有《长江三峡》《北国风光》《小鸟天堂》《黄山松》《鲁迅的故乡》等，个人文集有《吴冠中谈艺集》《吴冠中散文选》《美丑缘》等十余种。(图片出示：吴冠中像、代表作品、画家笔下的吴冠中。)钱松喦(1899—1985)，江苏宜兴杨巷人。我国著名国画家，江苏省国画院名誉院长。(图片出示：钱松喦的代表作品。)

还有许多画家也画了不少关于宜兴的作品。就以宜兴山水为例，钱松喦就以善卷洞为主题画了许多山水画，吴冠中爱画水墨江南，徐悲鸿画竹海，文征明画过玉女潭，宜兴的山山水水在许多画家的笔下变成了美丽的图画。从这些作品中，学生了解了家乡的画坛巨匠，以及他们作品的特色，他们是如何表现自己家园的，也在不知不觉中对他们作品中的水墨画技法有了一定的认识，为下面进一步探究水墨画法打下了基础。教师鼓励学生以家乡“画坛巨匠”为主题研究对象，自主探究家乡文化及水墨画技法，从而画出“家乡美、本土美”的水墨特色作品。如陶文化、梁祝文化、竹文化等。

三、涵养品性，传播美学精神，寻找“水墨”之韵味。

中国传统绘画的笔墨意韵体现了中国儒道的美学思想、人文精神。因此中国画创作常常在作品中融入自我精神，并用技法笔墨语言进行表现。画家经常运用一些景物托物言志，表达高尚、积极向上的风格品格。阳羡山水如画，吸引了许多文人墨客，留下了许多名篇墨宝，使得阳羡墨香四溢，充满水墨的韵味。这些充满人文气息的“营养”，涵养人的品性，传播着美学精神，在此基础上，展开水墨画的教学研究，自然能让学生的水墨画作品“韵味”无穷。

以乡土文化中的陶茶文化为例。阳羡的山山水水让文人墨客流连忘返，阳羡的壶茶文化更是深入人心。茶圣陆羽称阳羡茶为“芳香冠世产”，唐代诗人卢仝诗云“天子未尝阳羡茶，百草不敢先开花”，大文豪苏东坡与阳羡更是有着很深的情缘。在阳羡的许多地方，都留下了他深深的足迹与印痕。如东坡书院、东坡买田处、东坡提梁壶等。其实，阳羡本身就充满水墨韵味。

文人的积极参与最终使得紫砂壶的品位价值上升到了艺术的高度——温润如君子，丽娴如佳人，潇洒如少年，飘逸如仙子。文人们在紫砂壶上题诗作画，大大提高了紫砂壶的文化内涵。在紫砂壶上写写画画成为一种文化时尚。使得小小的一把茶壶，涵盖了博大的中华文化，诗、书、画、印巧妙融合，美不胜收。文人具有很高的文化修养，文人绘画讲“四格”——逸、神、妙、能，画陶茶文化也以四格为准。追求平淡天真的笔墨情韵，讲求意境，讲求含蓄，因此并不是所有的事物都可以入画的。

深厚的文化底蕴让孩子们充满了家乡自豪感，参与的积极性必然高涨。在此基础上让学生发挥想象，大胆着笔，自由创作，画一幅属于他们自己的宜兴骄傲，描绘出自己心中的阳羡风情长卷。教师指导学生作业，要求自由有创意，可以题上自己创作的小诗或一句话，还可以画上印章，使它真正成为一幅作品。这些都是生活中常见的事物，学生表现起来也就得心应手。所以，以阳羡陶茶文化为主题，我们开展了专题的水墨研究课，收到了很好的研究效果。

四、放牧思绪，自由表现，体悟创作之乐趣。

陶行知先生说：“让我们解放眼睛，扔掉有色眼镜，要看事实，看未来；解放头脑，撕掉精神的裹头巾，要想得通，想得远；解放嘴巴，享受言论自由，谈天，谈地，谈出真理来；解放双手，甩去无形的手套，大胆操作，向前开辟；解放空间，把学生从文化的鸟笼里解放出来，飞向大自然，大社会去寻觅，去捕捉。”水墨画固然有着我们中华民族悠久的传统意境，但是不能一味地模仿，我们教师和家长等成人不能一味地以名家作品为范本，刻意地要求学生画真、画像。如果这样，他们充其量不过是个临摹高手、画匠。只有走进生活，留心观察我们生活中的每一个细节，多听、多看、多想，才能创作出一些优秀而富有灵性的作品。愿我们的孩子在水墨画创作中多一点灵气，少一点匠气。

（蒋　峰）

“玩”美:儿童水墨的本色回归

【摘　要】“玩”是儿童这个自然生命体的最大“童性”,“玩”可让文化更容易地抵达儿童心灵,让学生尽情在水与墨的玩学中,自由体会儿童水墨的自由美、形式美和文化美。用儿童的视角审视,用儿童的方式学习,用儿童的心智思考。扎根本土文化,引领学生在“玩”中体验收获。“玩”自由之美、探索之美、生活之美和精神之美。
【关键词】儿童水墨;玩;体验;自由;精神;文化

“玩”是儿童这个自然生命体的最大“童性”,也是他们最认同和最有效的学习方式。“玩”可让文化更易于抵达儿童心灵,自然生长并外显出更富灵性的文化特质,真正实现儿童自身发展的教育本义。儿童水墨具有玩的意味、方式和内容,尊重儿童自我对对象的观察与理解,激发儿童对对象的思考与情感体验,一切的表达建立在此基础上,再让学生尽情在水与墨的玩学中,自由体会儿童水墨的自由美、形式美和文化美。

故,发展儿童水墨,需用儿童的视角审视,用儿童的方式学习,用儿童的心智思考。三年的水墨画教学,扎根本土文化,依托校本课程的开发利用,引领着学生在“玩”中体验收获。

一、童真乐趣,“学术”变“玩术”,“玩”出自由之美。

理学大师程颢说“读书要玩味”。教师发展专业也要玩味,不光为自己玩,也为读懂儿童带学生玩。儿童水墨的学习主体是儿童,儿童的心智成长都是从玩中发展的。儿童水墨画的学习从“玩”开始,既符合儿童的认知规律,也契合了水墨画抒情达意的意象特征。中国画很讲究线条,每一个孩子的第一堂水墨课,我都是以游戏的形式让学生练习画线条,把学生分成小组,用毛笔画粗细、浓淡、干湿变化的线条来进行钓鱼比赛,或者用走迷宫的方式来练习画线条,初拿毛笔的孩子兴趣浓厚,逐渐地也会得心应手。接着和学生一起做以水破墨、以墨破水、浓墨破淡墨、淡墨破浓墨等笔墨技法游戏,使一年级小朋友对水和墨产生强烈的好奇心,不要求具体绘画内容,只是随意画,用毛笔蘸水,使水墨相溶,再用长短粗细不同的笔触产生奇特的韵味，使学生无意之中学到水墨画的技巧，并充分体验线条的流畅之美、墨色的层次之美、用笔的变化之美。笔墨游戏应有明确的目标和周密的步骤，虽为“游戏”，实则是教学活动的一种形式，学生的主体地位、教师的主导作用都必须充分体现，正所谓“醉翁之意不在酒”，为游戏而游戏的做法，显然是缺少教学深度的。游戏后的交流总结切不可勿视，从“只可意会，不可言传”到“可意会，可言传”，这正是体验的升华，将个体体验整理、综合、从而达到自由而又不失童真乐趣之美的目标。

二、访古拾遗，“教学”变“玩学”，“玩”出探索之美。

深化水墨教学研究需理解孩子的“童性”，发现儿童的“玩性”，把“教”转化为“学”，把“学”转化为“玩”，用柔软的方式构建学生想玩的平台。《彩陶上的水墨画》一课是 2012 年无锡市小学水墨画特色教学研讨活动中的一堂研讨课，学生为二年级的小朋友，它属于水墨画“创作・表现”学习领域。目的是引导学生理解家乡宜兴陶都的历史，了解彩陶的历史文化和彩陶上花纹的吉祥寓意，学会用水墨画的方法来表现彩陶器皿及彩陶上的花纹。运用欣赏，练习、示范等方法，教会学生用水墨花鸟画来装饰彩陶。实践证明，在教学中，教师应该锻炼和掌握“善问、巧问、妙问”的技巧。让学生在无穷的趣味中探索出陶器的历史文化和装饰之美。

教学片段：了解陶的历史

师：（出示陶器残片。）老师带来了一个神秘的宝贝，你猜，这是什么？

师：它是什么材料呢？泥巴怎么变得那么坚硬了呀？

师：泥被火烧了以后就成了陶。（板书：陶。）

师：在它破碎之前会是一个什么样的宝贝呢？

生 1：一个很大的宝贝。

生 2：一件古董。

生 3：可能是一个聚宝盆。

师：（出示骆驼墩遗址图片。）它在这片土地下默默地沉睡了七千年。再想象一下：是什么样的人，用一双灵巧的手创造了它？

生 1：是一个艺术家。

生 2：是一个留着长胡子的老艺术家。

师：再让我们闭上眼睛，用手摸摸它，有什么感觉？（不光滑，粗糙。）再轻轻地敲击它，听听它的声音，有什么特点？

师：不清脆，不动人，但那么质朴、含蓄，像极了创造它们的人那朴素的身形，以及心底淡淡的希望。

师：（出示图片。）这里是宜兴地区的骆驼墩遗址，就在这里，挖出了七千年以前宜兴先民烧制的各种陶器，虽然有很多已经成了碎片。我们的祖先做这些陶器用来干什么呢？（吃饭、存水、放食物……）

师：因为生活的需要，我们的祖先创造了陶器。

宜兴是中国陶文化的发源地之一，但是低年级小朋友在这方面的了解并不多，所以在美术课堂上我更注重儿童自我对象的观察与理解，在一层一层的问答中，让孩子们走进陶的世界，品味彩陶文化。激发他们对对象的思考与情感体验，在此基础上进行艺术理解与表达。这些问题，看似不经意地提出，其实都是经过我精心设计，反复琢磨才敢于提出的，而在课堂上，也恰恰拨动了全班同学的思维之弦，奏出了波澜起伏的动人之曲。整个课堂，由于学生的积极探索，洋溢着一股灵动和活跃的气氛，在看似玩乐的氛围中，师生的身心都得到了极大的舒展。在儿童水墨画创作时，我要求小朋友在作品中以自我精神融入民间装饰绘画的吉祥寓意，并用笔墨语言进行表现。在水墨的黑白世界里，笔墨意韵更加体现了中国儒道的美学思想、人文精神。作品强调心灵与物象的感应，隐含着极其深厚的家乡民俗文化和审美情趣。

三、赏析意境，“感动”变“感悟”，“玩”出生活之美。

充满诗意的课堂，不只是一种教学操作和方法，更是一种教学观念和艺术境界。每个孩子都是幻想家，他们的心灵深处都有一串串彩色的梦想。老师只要在孩子的心灵深处轻轻拨动那根弦，美妙的画意就会如泉水般涌现。

比如《水墨园林》那一课，我首先教孩子了解苏州园林的造园意境，理解“水必曲，园必隔”，园林要是取消了所有分隔空间、遮挡视线的廊、林木和假山，实际上就只是很小的一块空地。理解造园主把大自然的清风明月引入园内的思想内涵，中国的名园，每每要在临水处设立赏月景点；要用雨景来引人情思；宜兴西氿宜园，菱藕间摇曳的小船与微茫烟波中的云溪楼，组成淡雅素净的江南云水图；走进瀛园，飞檐翘角的黑瓦间有白花花的雨水在弹落，令人想起“珠帘暮卷西山雨”的优美画面；拙政园里的“听雨轩”，每逢雨天，充盈着雨打芭蕉的乐感。在学生的笔下，又何尝不是一幅幅充满意趣的画。点、线跳跃飞舞，形象古拙生动，如此曼妙的水墨意境，凝聚着孩子的激情，也融合了教师专业精神的传递。只有在诗情画意的课堂上成长起来的孩子，才会诗意地享受大自然的一草一木和生活中的点点滴滴，才能真正感受一滴雨点带来的惊喜，一片落叶流露的萧瑟，一杆瘦竹寄托着清雅……当孩子们把眼睛里看到的纯粹与本质的美,用水墨画表达出来的时候,便有了一种诗意的生活之美境。

四、品读轶事,"文化"变"化人","玩"出精神之美。

教学特色的核心指向"化人",建立理性而有文化的水墨特色运行机制,摆脱非理性和非人性化的消极因素,形成"文化"与"化人"的价值呼应,并在这个过程中提升精神素养。今年又要上一堂无锡市级的水墨画公开课,我冥思苦想了很久,不知道上什么内容。最后选定宜兴名人徐悲鸿,上这一课,我更关注的是情感。记得有位成功的著名老师说过:情感是课堂教学的灵魂和生命。徐悲鸿是宜兴人民的骄傲,我们少儿国画院的小朋友都去参观过悲鸿纪念馆,在课堂上欣赏他的作品,了解他的人生,学习大师的艺术,那种由衷的自豪感定会产生更多的共鸣。接下来我又思考更深层次的问题:教师如何将学生的热情、欲望内化成为他们持久的情感?如何让课堂教学玩出"最大收益"?为什么听很多特级教师的课,总会被他们蓬勃张扬的激情所感染?我想一方面源于他们丰富的知识,良好的修养;另一方面也取决于他们在课堂上注入了自己的情感。徐悲鸿这个名字可谓家喻户晓,大家也都知道他的奔马驰名中外,但是,他是以写实见长的大画家,一个小学生怎样来理解他画中的笔墨情趣和精神之美?在备课之前,我搜集了很多关于徐悲鸿的资料。逐渐地,脑海里出现了一位渴望替人类向上天申诉的画家,在国难当头的年代,以画笔为武器,画奔马、画雄狮、画风雨鸡鸣、画愚公移山来唤醒国民一致抗日的爱国主义精神。他画马不仅仅是天下一绝,他笔下的马是有所寄托的,是和人一样有着喜怒哀乐的情绪的。带着这样的激情我走进课堂,喊"上课,小画家们好!"当学生第一次听到老师在课堂上称呼他们"小画家",一抹惊讶的微笑荡漾在脸上,不过马上回应了我,齐声自信地喊"老师好"。"老师今天要和你们一起走近一位大画家……"接下来的欣赏也以"情"为纽带,使学生从对大画家笔墨情趣的感受提升到对生命情趣的感悟,用全部的感觉去拥抱水墨的形式和语言。每展示一幅大画家的作品,小画家们都抢着要用自己独特的眼光和语言来品评一番;每讲到一种绘画技法,小画家们也非常自信地要求上台演示,课堂气氛异常活跃。学生都带着一种小画家的自豪感和高涨的情绪在学习和思考。玩着笔墨,表达着心中对大师精神的崇敬之情,体验着创造美的乐趣。

校本课程特色是改变学生学习本质的起点。它源于教师的认知和眼界,以及学校的品质和文化,发展这样的理念品质必须从课堂开始。三年过去了,阳羡小学的师生在文化自觉的新视角下,使"传统回归"逐步成为学校的一种文化"声音”。传统艺术正通过校本课程这个文化载体，重新回到了我们的课堂，学生们在玩水墨的过程中享受着美，感悟着美，寻求“以画养品，以文化人”的契合点，细细吸纳中国画背后蕴含的神、气、意、韵、品等文化元素，并将其融入文化自适的活动中，构建文化自适的“生态园”，以探索之美、自由之美、生活之美、精神之美点缀着校园里的文化乐园。

（周亚君）

儿童水墨　闪动的灵性

——由《彩陶上的水墨画》一课所想

《彩陶上的水墨画》一课是2012年无锡市小学水墨画特色教学研讨活动中的一堂示范课，学生为宜兴市阳羡小学二年级的小朋友，它属于水墨画“创作·表现”学习领域。目的是引导学生理解家乡宜兴陶都的历史，了解彩陶的历史文化和彩陶上花纹的吉祥寓意，学会用水墨画的方法来表现彩陶器皿及彩陶上的花纹。运用欣赏，练习、示范等方法，教会学生用水墨花鸟画来装饰彩陶。激发学生对彩陶文化的研究兴趣，增强学生对家乡陶文化的热爱，引导学生积极参与地方文化的传承和交流。

教学片段一：了解陶的历史

（出示陶器残片。）老师带来了一个神秘的宝贝，你猜，这是什么？

它是什么材料呢？泥巴怎么变得那么坚硬了呀？

泥被火烧了以后就成了陶。（板书：陶。）

在它破碎之前会是一个什么样的宝贝呢？

（出示骆驼墩遗址图片。）它在这片土地下默默地沉睡了七千年。

再想象一下：是什么样的人，用一双灵巧的手创造了它？

再让我们闭上眼睛，用手摸摸它，有什么感觉？（不光滑，粗糙。）

再轻轻地敲击它，听听它的声音，有什么特点？

不清脆，不动人，但那么质朴、含蓄，像极了创造它们的人那朴素的身形，以及心底淡淡的希望。

（出示图片。）这里是宜兴地区的骆驼墩遗址，就在这里，挖出了七千年以前宜兴先民烧制的各种陶器，虽然有很多已经成了碎片。

我们的祖先做这些陶器用来干什么呢？（吃饭、存水、放食物……）

因为生活的需要，我们的祖先创造了陶器。

宜兴是中国陶文化的发源地之一，但是低年级小朋友在这方面了解不多，所以在美术课堂上我们尊重儿童自我对象的观察与理解，激发他们对对象的思考与情感体验，在此基础上进行艺术理解与表达。

教学片段二：理解彩陶

时光又走过了一千多年，祖先们的生活用品不再那么粗陋了，变得更美了，你看！（出示古代彩陶图片。）和宜兴先民创造的最早的陶器一样吗？哪里不一样？（有了花纹和颜色。）

远古的工匠先将一种特殊的颜料画在陶坯上，（出示实物。）再放在火里烧，即使在地下深埋了数千年，却依然光彩夺目，这就是彩陶。（板书：彩。）

上面画了什么？（动物。）它们为什么要画这些？猜想一下！

原始人靠捕鱼和打猎生存，他们画自己经常看到的东西。这些动物也许就是他们想要捕获的猎物。他们把自己美好的愿望画在彩陶上，希望渔猎丰收，每天都能吃得饱饱的。

（出示舞蹈纹盆。）这是画的什么？他们在什么样的情况下跳起了舞呢？（高兴、愉快，也可能是丰收以后。）

原始画家们不仅能捕捉住动物的形态特征，还能画出欢乐的生活场面。所以说彩陶是人类智慧和情感的结晶。

宜兴是中国陶文化的发源地，我们的丁山地区现在还存活着一座六百多岁的古龙窑，我们去看看它的风采。（播放宜兴古龙窑视频。）注意看仔细，宜兴彩陶有哪些形状？上面画了些什么？

（播放彩陶图片。）宜兴彩陶上的花纹和远古彩陶上的花纹又不一样了，画了些什么？（花草树鸟等。）有没有水墨画的韵味？

揭题：今天我们就用水墨来画一画我们家乡的彩陶！（完善课题：彩陶上的水墨画。）

为了让学生充分感受家乡彩陶的造型特点，领略彩陶的艺术美感，我就从宜兴古龙窑这一文化遗存入手。六百多年以来，宜兴人民在这个古老的窑洞里，烧出了许许多多精美的陶器，让我们走进宜兴陶瓷博物馆，去品味宜兴彩陶的独特魅力。通过图片欣赏，学生的自豪感油然而生，所以选择贴近学生生活实际的内容来深入学习，能充分激发学生的学习愿望与乐趣。

教学片段三：水墨画器形和双耳

1. 画器形

宜兴彩陶不仅画面内容丰富，还有千姿百态的造型。

（出示花瓶和罐子实物。）请一个小朋友上台把这里面的花瓶拿到另一边，谁来？

那几个不是花瓶，那你知道它们的用处吗？（放食品。）

人们称它们叫"罐子"或者"罐头"，如果再大一点，那就叫"缸"了，有酒缸、水缸，等等。

小结罐子的一般特点：口大，短颈，腹圆。

花瓶用来插花和装饰生活，所以它的造型典雅优美，给人以超凡脱俗的美感。

老师的心中也有一只造型优美的花瓶，我画给小朋友欣赏一下！（示范。）

你的心中有更美的造型吗？请你也来画一个给老师欣赏。

2. 添画双耳

（出示图片。）祖先的陶器上还有两个小耳朵，这是为什么呀？（出示图片。）

图 1

图 2

图 3

图 4

古代的罐子上有好几个小耳朵，中间还是空心的，你知道它们是用来干什么的吗？（穿上绳子，方便提拿。）现代的花瓶上也有了耳朵，还戴上了耳环，是不是变得更好看啦？

原来彩陶上的耳朵也是由最初生活的需要慢慢地变成了艺术品。（出示动物形状的耳瓶。）人们称这个叫"兽耳"。

（出示龙双耳瓶。）这个花瓶的耳朵是两条龙，和下面的这条龙比起来哪些地方发生了变化？（变得更简练了。）

虽然省去了很多细节，但是它抓住了龙头的特征，然后把身体部分简化或者变形夸张。

（示范。）老师也给我的彩陶上画两个耳朵，我就画和龙相配的凤凰耳朵吧。凤凰属于鸟类，应该抓住它的什么特征？（尖尖的嘴巴、椭圆形的头部。）加上翅膀，把尾巴进行大胆的夸张，变成更加简练的线条。

（出示学生作品。）大象最明显的特征是什么？（鼻子。）抓住它的大耳朵、长鼻子和尖尖的象牙就行了。

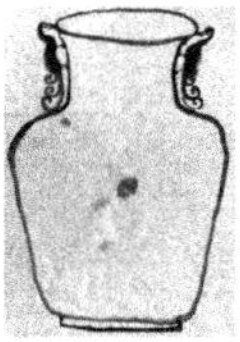
图5

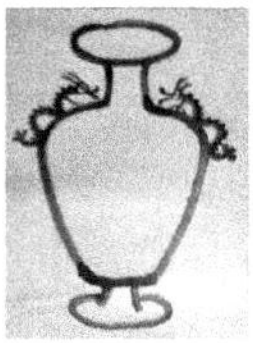
图6

图7

图8

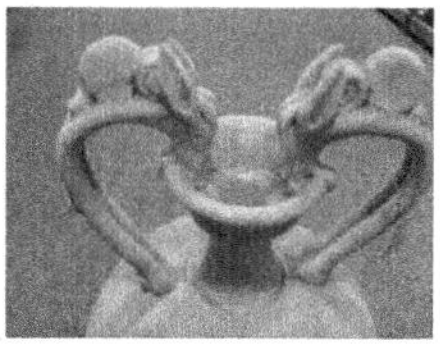
图9

还有哪些动物的头部具有明显的特征?(小兔的长耳朵、梅花鹿的角……)

(出示图片。)其实,花瓣、树叶、云朵、蝴蝶经过变形以后都可以成为彩陶的小耳朵。

(出示图片。)耳朵还可以装在不同的位置。有的在肩膀上,有的在颈脖子两边,还有的把嘴伸进了瓶口里面。

你画的彩陶需要什么样的耳朵呢?赶快用你灵巧的小手帮它装上去吧!

为了丰富学生头脑中彩陶器皿的形象,老师把花瓶和罐子的实物搬进课堂,先让学生以游戏的形式进行对比,再勾线画出造型各异的彩陶器形,中国画讲究线条,我要求小朋友用浓淡干湿不同的线条来勾线,谋求把枯燥的笔墨知识融于有趣的造型游戏中,使笔墨教学具有游戏般的形式与趣味,再以点、线、面的方式来装饰陶器的双耳,可以随意地用毛笔蘸水使水墨相溶,画出长短粗细不同的笔触从而产生奇特的韵味,他们在无意之中画出了各种风格的彩陶。小朋友们边画边乐,在这样的活动里,水墨不再是画画,而变成了孩子们的游戏、一种随性创作的冲动。

教学片段四:彩陶画上的吉祥寓意

我们的祖先把动物画到彩陶上,希望渔猎丰收,丰收以后又画他们载歌载舞的场面,表达快乐的心情。我们宜兴的彩陶上画龙啊,喜鹊啊,鹤呀,有没有特殊的寓意呢?

龙代表吉祥;“喜鹊”里面有个“喜”字,当然是盼望有喜事发生啦;鹤是长寿的象征,几乎每一幅画都有着吉祥的寓意。

你还能说说其他代表吉祥的画吗?(鱼、寿桃、蝙蝠、龙凤、公鸡……)

无论花草虫鱼、飞禽走兽,都可以表达吉祥的寓意,这也是我们中华民族千百年来流传下来的习俗。彩陶上的画不仅有趣,还饱含着深情。接下来我们要在自己设计的陶器上彩绘花纹了。

(出示图片。)这几件彩陶上画的都是花鸟画,它们画在陶器的哪个部位?(醒目的地方。)你最喜欢哪一件？你想用什么样的笔墨方法来画？(勾线，用浓淡不同的墨块、点、染等。)

图 10

图 11

图 12

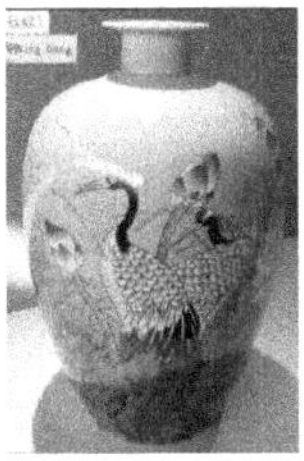
图 13

图 14

请两个小朋友示范画荷花和仙鹤，其他人注意看他们的笔墨方法。

大块的墨色属于大写意的手笔，适合画植物的叶子；而勾线的方法适合画鸟类的头部，和一些细致的部分。

(师点评添画。)一定要等墨色稍微干一点再用中锋浓墨勾叶脉，茎上面还可以点上一些点，让你的画面墨色浓淡相宜。

荷花出淤泥而不染，画在彩陶上象征主人追求高洁的品质。如果我想表达连年有余的愿望，应该添画点儿什么呢？如果添画两只鸳鸯，也是很受民间欢迎的“鸳鸯戏水”，象征和和美美。

用淡墨线条和点画仙鹤的羽毛，既简练又生动，很有韵味。(出示图片。)你看这幅画上的羽毛用了什么样的笔法？(示范。)先用浓墨枯笔擦，再用颜色点染，也能表现出鸟的神韵。

小结：所以同样的东西可以有多种不同的画法，但是一定要画出自己的想法和感受。

(边示范边讲解。)加上三角形的嘴巴，浓墨画一只眼睛，椭圆形的头部，这是鸟类的共同特征。画面的一角添画几个松针，那就有“松鹤延年”的吉祥寓意了。你会画了吗？

请选择一幅花、鸟画在自己设计的陶器上。根据你想表达的吉祥寓意添画背景。强调：你的笔墨一定要表达出自己的想法和感觉。

课伊始，出示神秘宝贝以让学生猜想的形式导入，调动学生的学习兴趣，了解宜兴悠久的制陶历史。接着，教师以一系列问题的提出，引发学生对陶器制作的思考，自然地引出了本课的课题。而媒体的直观欣赏介绍，更是巧妙地让学生欣赏了中国古老灿烂的陶瓷文化，欣赏古人制作的器皿，会让学生运用已有的生活经验来解决问题，进行有意识地比较，让学生站在历史的角度看待古代陶文化特有的生活气息和视觉效果。

宜兴是陶的古都，由于学生对家乡陶文化有一定的情感基础和生活经验，所以，课堂上，当老师利用多媒体创设情境，带着学生走进宜兴陶瓷博物馆，可以让学生对宜兴彩陶的美感特征认识得更加清晰，同时感悟到了传统与现代完美结合的艺术魅力。花瓶和罐子实物的展示，通过师生之间的讨论、对比，更是巧妙地解决了本课学生在器形设计中容易出现的错误。教师示范画鸟类形状的双耳，则让学生的创作欲望进一步高涨，产生“我想动手试一试”的强烈欲望。

中国传统绘画的笔墨意韵体现了中国儒道的美学思想、人文精神。水墨画以水、墨为基础艺术，强调心灵与物象的感应，在水墨的黑白世界里，隐含着极其深厚的民俗文化和审美情趣。因此在儿童水墨画创作时，我要求小朋友在作品中融入自我精神，并用笔墨语言进行表现。画家经常运用一些景物托物言志，表达高尚积极的品格。在指导学生创作彩陶上的水墨画这一课，我让他们先欣赏那么多具有吉祥寓意的画面，再把那些独特的民俗文化融进自己的画笔。

传统不应是一种模式，而是一种精神，一种能量。儿童水墨画的传统教学不外乎临摹、写生、创作三体合一，这是历代画家实践证明的一条行之有效的教学模式，传统的水墨画离不开思和兴、理和趣相结合的“度”，也就是在构思和营造画面上得法理、规矩与笔墨情趣。小孩子们的画虽然缺少了中国画讲究的“势”“气”“神”“韵”，但是这些意象闪动着灵性，跃动着小朋友心灵的声息，流动着撩人心弦的艺术美感，在将来的儿童水墨画教学中，我还可以从其他方面发掘孩子们的潜能，让学生在游戏笔墨间怡情养性。

（周亚君）

附学生课堂作品：

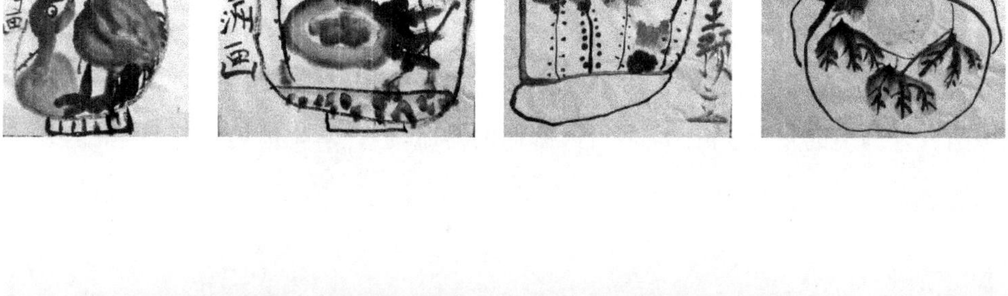

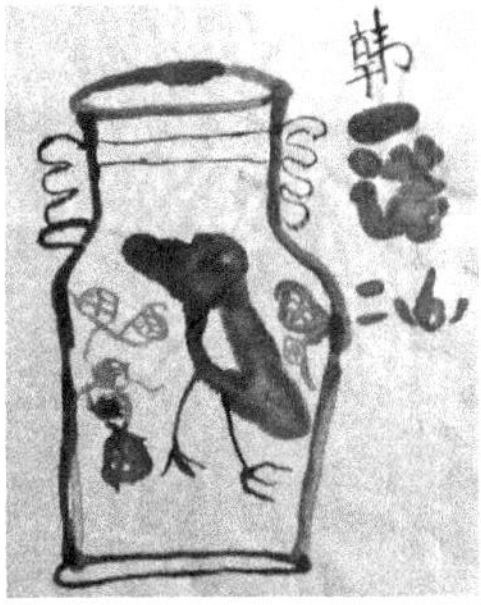
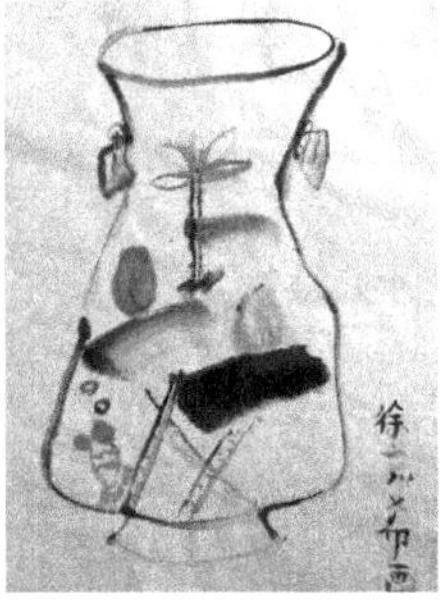
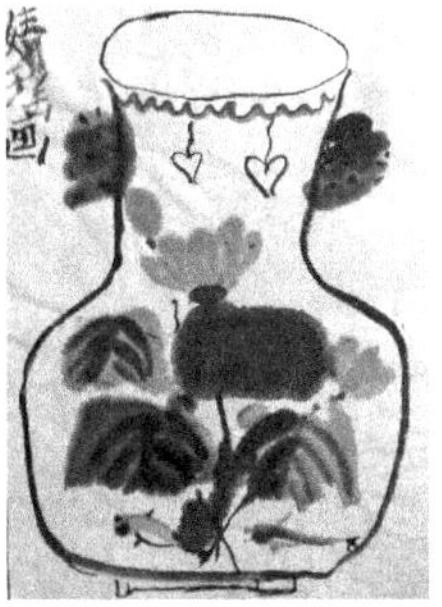

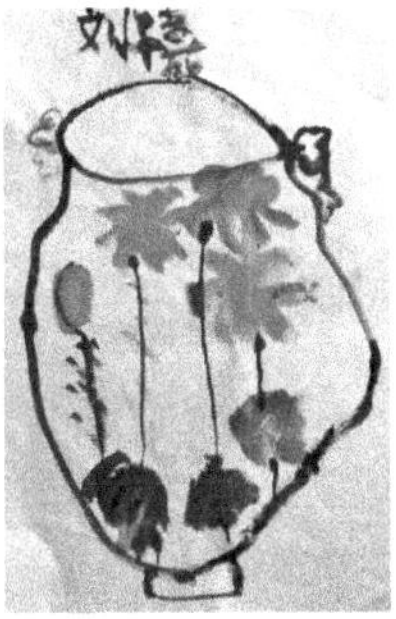
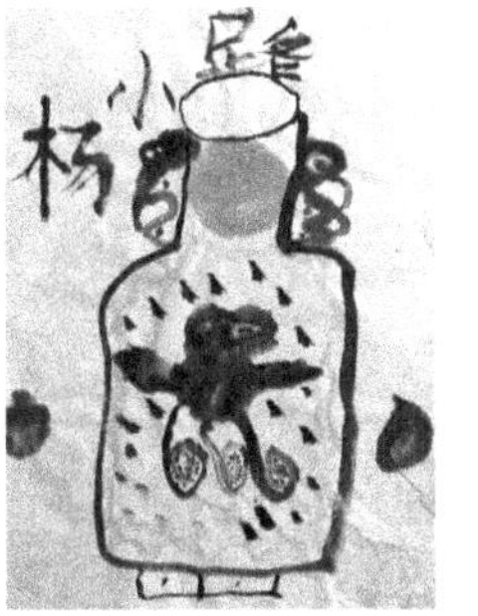

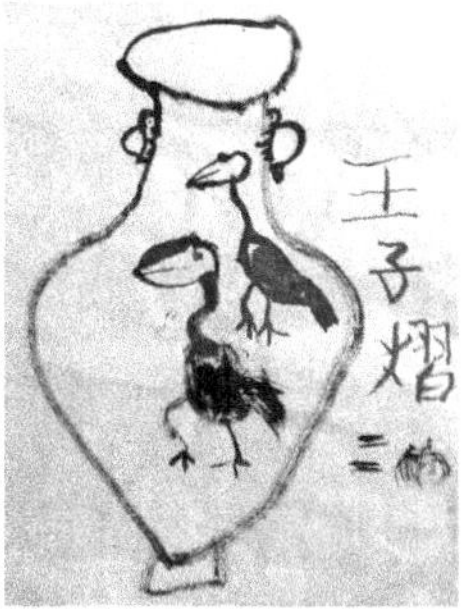
王子熠
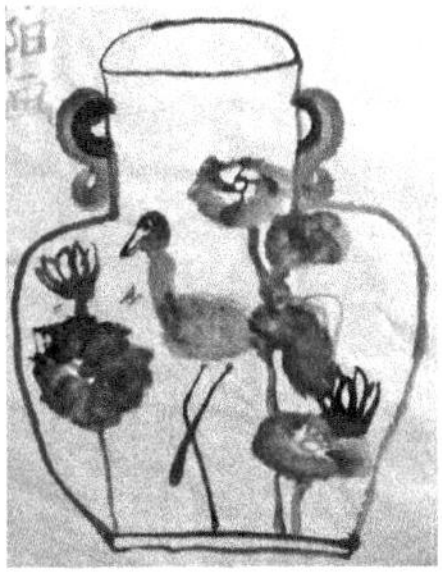

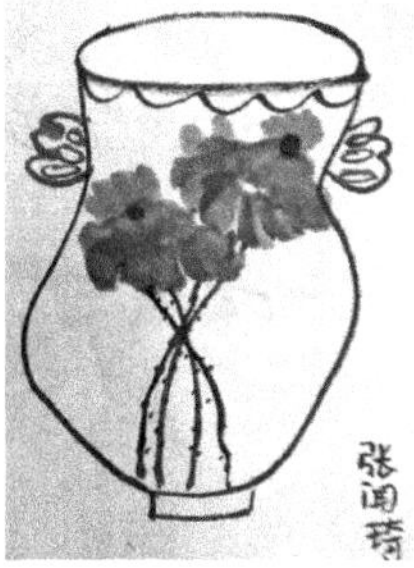

邵家晨

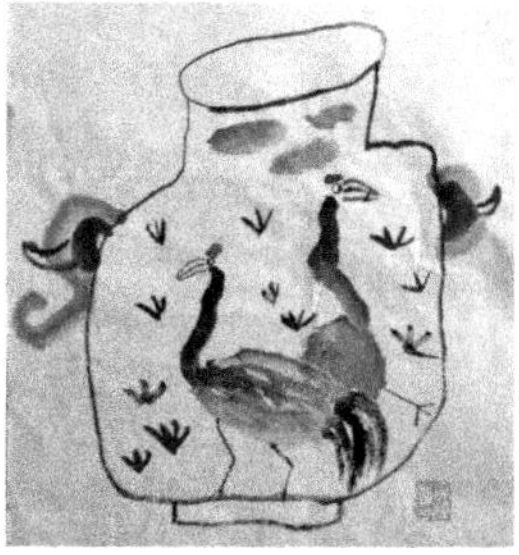

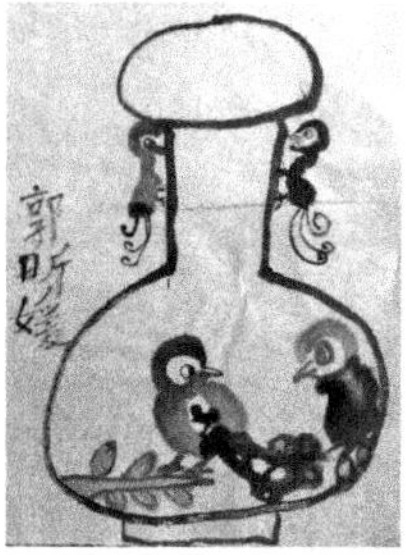

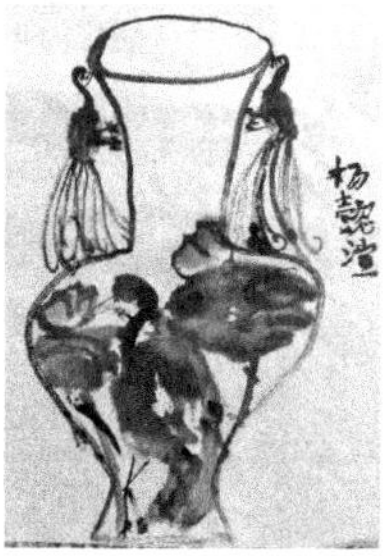

天真烂漫 神气冲融
——观阳羡小学水墨文化长廊有感

这只是个寻常的课后：一群孩子"哒哒哒"地从教室涌向那条"水墨画文化长廊"，一个小女孩指着照片上那个手拿毛笔，蹙紧眉，撅起嘴巴，嘟囔着画画的小男孩："看，我们班的小画家，缪承含！"再看他的水墨画，粗玩稚拙的线条，天然质朴的造型，浓淡干湿的墨色，酣畅淋漓。这个小画家才刚升入二年级，水墨画才学了半年，但是对于水墨画，他有着浓厚的兴趣，能大胆地表达，在每一次的水墨游戏中他都能感受到无比的愉悦。"喜欢他的画吗？"一个声音悄然响起，小朋友们蓦然惊觉，我就站在他们的身后。"周老师，暑假里我也用毛笔画画了，可以贴在这里吗？"有一个小女孩怯怯地问道。"当然可以！"我肯定地点着头。上课铃响了，她涨着羞红的脸蛋跑开了，内心的喜悦像迎面的秋风，旖旎开来。

喧闹的校园瞬间化为宁静，我孑立在风中很久很久，文化长廊里的一幅幅水墨画，出水芙蓉般清新，仿佛每一幅画都是水墨画课堂留下的印记，是我们的美术老师用心在触摸那些线条和色彩。半年的时间，我们让阳羡小学的孩子们在水墨乐园里肆意挥洒。

我环顾四周，木质的水墨文化长廊端然静默，校园内草木扶疏，鸟声呜啭，眼前的一树一石、一草一木都凝聚着水墨画特色校园文化的智慧和情愫，经过许多个稚嫩的小手后，清雅的墨香终可以在这片土壤四处弥散。这些画展现了一个独特而富有艺术魅力的儿童世界，天真烂漫中透露着另一种动人，娇憨可爱的绘画形象、奇妙诡异的心灵思维，大胆泼辣地从小朋友的笔下流淌出来，给人以纤尘不染的纯真感受。乍看虽是随意点染，实则却是老师和学生共同的精心营造，小朋友用处于不同时空中的物象，依照自己的感受和艺术创作的法则，构造出了小画家们心目中的时空境界。于是，梅兰竹菊，陶器紫砂青铜，古今人物都可以出现在同一幅画中。《花手帕》《春江水暖鸭先知》《在阳光下成长》……盛开的向日葵，婀娜的莲花，傲然挺立在花瓶中的蜡梅，这些是低年级小朋友对传统花鸟画的描绘；《洞的世界》《竹的海洋》《陶的古都》《农家自堪乐》……掩隐在绿茵丛中的善卷洞，云烟缭绕的竹海山峰，端坐在丝瓜藤架下拍着泥板的祖孙俩，淡雅隽丽的乡村景色，处处可寻的宜兴特色，奇颖婉约，是中年级小朋友们在抒发着对家乡美景的一腔热情；在《西藏风情》一画中，我们的国画院小院长，把独特的藏族文化融进了自己的画笔，极富民族风味的藏族服饰，古老的建筑为画面背景，小画家用干涩的枯笔和浓淡墨的交替变化来表现，把自己对藏族文化的特殊感受加以深化。

小孩子们的画虽然缺少了中国画讲究的“势”“气”“神”“韵”，但是这些意象闪动着灵性，跃动着小朋友心灵的声息，流动着撩人心弦的艺术美感，我爱它轻灵似梦，令人心醉。为了启发孩子们用纯真的手法形成自己的水墨语言，作为老师，我们思考了以下几方面问题。

一、如何深入生活，以游戏的形式激发水墨画的创作热情？

既然我们要挖掘原生态文化资源，让学生贴近传统文化，那么就应该引领学生了解身边的艺术，从直观上给学生带来视觉的冲击和文化的体验，从内心深处触动他们的创作灵感。宜兴是陶的古都，紫砂壶的制作材料和工艺更是驰名中外，由于学生对家乡紫砂壶有一定的情感基础和生活经验。所以，当老师说到茶壶，学生会肃然起敬，对现代和名家艺人紫砂壶的欣赏，让学生对紫砂壶的美感特征认识更加清晰，以至于用水墨画来表现宜兴人制作茶壶和喝茶主题的作品时，他们也有着特别浓厚的兴趣。难忘教一年级学生画宜兴紫砂壶那一课，我先让学生以游戏的形式勾线画出造型各异的茶壶。中国画讲究线条，我要求小朋友用浓淡干湿不同的线条来勾线，谋求把枯燥的笔墨知识溶于有趣的造型游戏中，使笔墨教学具有游戏般的形式与趣味，再以点、线、面的方式来装饰紫砂壶的盖子和底部，可以随意地用毛笔蘸水使水墨相溶，画出长短粗细不同的笔触产生奇特的韵味，他们在无意之中画出了各种风格的紫砂壶。小朋友们边画边乐，在这样的活动里，水墨不再是画画，而变成了孩子们的游戏、一种随性创作的冲动。

二、如何把水墨画变成无声的诗、优美的画？

以“诗意”为绘画主题，首先使人想起的是诗画结合这一古老命题，中国传统历来认为诗与画为姊妹艺术。古诗的优美不仅在于它的文字，还在于它的意境，而在国画家的笔下，萧瑟扶疏的树木、倔强挺立的残荷、蜿蜒曲折的小径、袅娜拂堤的杨柳也都亦画亦诗，让孩子用水墨来表现古诗的画面，达到画中有诗的境界，体验如诗如画的意境。李商隐那句“留得残荷听雨声”，杨万里的“小荷才露尖尖角”，“接天莲叶无穷碧”，周敦颐的“出淤泥而不染”都是描绘荷花的诗句，却有着完全不同的诗意，指导学生用水墨画来表现时，我们更注重水墨晕染与线描的融合，用黑与白，用凝练的笔墨与优雅的色彩，教孩子们晕染出一片片恍惚迷离的意境。

三、如何托物言志,培养学生热爱生活的情感?

中国传统绘画的笔墨意韵体现了中国儒道的美学思想、人文精神。因此中国画创作常常在作品中融入自我精神,并用笔墨语言进行表现。画家经常运用一些景物托物言志,表达高尚积极的品格。例如吴昌硕画《墨笋图》,通过简单的构图和题诗,阐发作者不想在官场中为五斗米而折腰,愿在田园中自摘新蔬安于贫道地生活。让学生了解艺术作品与自然的关系,感受画家和自然景物相互交融而成就的艺术境界。在指导学生创作紫砂壶主题的水墨画时,我曾让他们先欣赏了吴昌硕的《清供图》,画面上树枝寒梅,白花点点,下有一把茶壶,盖被掀开落在一边。作品中的梅花主干行笔如同屋漏痕,干上的点苔则有意无意间落于纸上,茶壶以几笔简单而有力的直线写出,几件案头清供,可以窥见画家对无尽宇宙的追慕。

四、如何在传统水墨画的路上另辟蹊径?

传统,像一座山。当我们感觉到这座山压在眼前时,不是该害怕这座山太高,而是该考虑我们审视这座山的角度如何转变。传统不应是一种模式,而是一种精神,一种能量。儿童水墨画的传统教学不外乎临摹、写生、创作三体合一,这是历代画家实践证明的一条行之有效的教学模式,传统的水墨画离不开思和兴、理和趣相结合的"度",也就是在构思和营造画面上得法理、规矩与笔墨情趣。在将来的儿童水墨画教学中,如何从各方面发掘孩子们的潜能,让学生在游戏笔墨间怡情养性,才能有更多的创新?

风拂过那些稚嫩的儿童水墨画,纯真质朴。在经历了岁月的滋养之后,最初的线条与墨色将繁衍生长,蔓延成宣纸上的丘壑烟云,水墨画的独特气韵和文化内涵也会在我们的校园内莘莘滋长。

吴冠中先生有句话:"活跃的思路决不等于艺术的成熟。艺术是果,成熟得慢。转石不生苔,作者需要宁静。踏踏实实,不受名利诱惑,忠于自我感受而甘于寂寞耕耘,才能修成人间正果。"对于阳羡小学刚刚起步的水墨画特色教育,我该用大师的话来自勉。

(周亚君)

亦美·亦术·亦趣

——儿童水墨之本

【摘　要】 儿童水墨是小学美术课程的重要内容,是指儿童喜欢的一种写意画的表现形式。美术老师如何教好这部分内容,需要基于儿童的学习特点与规律,把握儿童水墨"美"的价值之本、"术"的基础之本和"趣"的生长之本,提高儿童水墨版块的教学质量。

【关键词】 儿童水墨;美;术;趣

儿童水墨是小学美术课程的重要内容,儿童水墨教学如何基于文化和儿童的立场出发,汲取乡土文化"营养",顺应儿童成长"天性",突破传统水墨画教学的"程式化"弊端,值得美术老师探讨。

一、亦美,儿童水墨"价值"之本

儿童水墨的价值根本是什么?美术课程的性质是"以对视觉形象的感知、理解和创造为特征,美术是学校进行美育的主要途径"。可见,"美"是美术教育的根本,就是要引导学生去发现美、感受美、描绘美、创造美。因此,儿童水墨"价值"追求应聚焦于"美"。

1. 水墨相交融,感受造型之美

中国水墨画历史悠久,源远流长,它以笔墨为语言,表达自己独特的感受。感受水墨画特有的笔墨情趣,感受水墨交融的万千变化,感受水墨独特的造型之美,让学生游戏水墨,感受水墨之趣,是水墨画教学的重要环节。为此,在水墨游戏中感受水墨造型之美变得尤为重要。

水墨融入游戏之中,我们需要关注的,不应是学生画得像不像、对不对,而是要在课堂上保护孩子们的天真和灵感,儿童幼稚,单纯,心灵纯净,他们的画不受绘画"程式"的限制,因而形成了儿童画独特的造型美、稚拙美。他们在用水、墨、色表现物体的时候,往往没有细节刻画,也看不到透视变化,这是受他们的年龄特征和认识所限制的。一个花瓶一把壶、一朵花一棵树,在我们成人笔下,可能千篇一律,而在孩子笔下，在学生的独特创造下，可以变得无比奇特，千奇百怪。以“陶文化”为例，利用家乡陶都特有的资源，组织学生参观陶博物馆了解陶文化的发展历程，到壶庄参观了解大师制壶的过程，了解陶、壶的造型之美。在以陶、壶为主的水墨画课堂教学中，因为有了较为直观的体验，学生在水墨绘画表现时就可以根据自己的认识，真实地表达自己的体会。他们的水墨陶、壶作品造型优美、式样繁多，美不胜收。

2. 现实为背景，感受生活之美

艺术来源于生活，离不开生活，美术也是如此。利用生活中熟悉的事物，开发本土资源，激发学生好奇心、求知欲，探究美术的奥妙，是我们美术教师当今的重要任务和职责。我所在的学校地处江南，山清水秀、人杰地灵，美誉“陶的古都”“教授之乡”“书画之乡”“梁祝故里”……文化底蕴深厚，这些都可以成为本土文化开发的资源。说到水墨画，宜兴可以说是全国闻名。宜兴是有名的书画之乡，出了许多全国甚至全世界有名的大画家，如画坛巨匠就有徐悲鸿、吴冠中、钱松嵒等。他们的故事大家都熟知，他们的作品，身边的人都能说出一二。在此基础上，我们开展有效教学，通过大量图片视频资料，通过到徐悲鸿纪念馆、吴冠中纪念馆参观学习，进一步了解他们的艺术表现特色，了解他们是如何表现自己的家园的，并临摹他们表现家乡的代表作，学生也在不知不觉中对水墨画技法有了一定的认识，个个变成小小艺术家。

3. 故事为线索，感受心灵之美

艺术的本源就是生活，生活是艺术的源泉，任何优秀的艺术作品如果脱离了生活就会变得空洞乏味，矫揉造作。以《水墨・阳羡》一课为例。我从猜一猜环节入手，猜家乡地名、人物、文化，激发学生的家乡自豪感，为后面的表现打好基础。猜地名：猜猜这是哪？去过吗？宜兴竹海、龙池山自行车公园、龙背山森林公园、玉女山庄宜园、善卷洞……（图片背景中蕴含着本课主题——竹）。我们宜兴真是个令人羡慕的地方呀！由善卷洞引入人物故事传说。善卷洞—碧鲜庵—祝英台读书处—梁祝传说。宜兴还有哪些人物呢？猜人物：猜猜这是谁？和我们有什么关系？历史名人传说故事：范蠡与西施、梁山伯与祝英台、供春、苏东坡……你知道阳羡第一人物是谁吗？周处。宜兴人物真是大腕云集呀！宜兴这么美，你会用哪个词来形容与赞美？美丽、灿烂、魅力、富饶 ……作为一个宜兴人，作为一个阳羡人，我们应该感到骄傲。

儿童国画除了学习技法，更重要的是在学习技法的过程中能够吸纳传统文化精髓，感受心灵之美。在水墨教学中，我注重让课堂的“乡土味”浓一些，鼓励学生以家乡文化为主题,画出“家乡美”的水墨特色。以本课为例,我在教学时紧扣阳羡竹文化主题,通过三个层次的教学切入,让学生充分感受待客之道、感悟文化之美、体验意趣之乐。

二、亦术,儿童水墨“基础”之本

笔墨是水墨画的根本,水墨讲“技法”,即“术”,如何引导学生探究水墨之“术”就显得尤为重要。水墨画固然有着我们中华民族悠久的传统意境,但是不能一味地模仿,我们教师和家长等成人不能一味地以名家作品为范本,刻意地要求学生画真、画像。如果这样,充其量不过是个临摹高手、画匠。只有走进生活,留心观察我们生活中的每一个细节,多听、多看、多想,才能创作出优秀的有灵性的作品。所以,在水墨画教学中,我们不光要教会学生用笔用墨技法,更重要的是要让学生感受笔墨的自由之“术”,要让学生在掌握基础技法的条件下自由灵活地运用笔墨之“术”,根据不同课题、内容,创造性地表现水墨的万千变化。

在《我画的罐和壶》这一单元的学习中,我设计了一组综合水墨实践活动课。介绍罐与壶的产生和发展过程,罐和壶的造型特点,功能与作用,布置学生调查相关的资料图片进行小型展览,结合家乡“陶都”进行深入讲解研究,具体活动时,分绘画、剪贴、泥塑等,让学生用多种手段(水墨画壶,在壶盘子上画水墨)进行表现,使教学过程生动具体。利用宜兴的乡土教材既可以培养学生热爱家乡一山一水的情感,又增长了学生的见识。在这样的学习空间中,学生的个性可以得到充分的发挥。另外,学生可以用自己的长项作为成果进行展示,对学生的作业的范围进行放宽与发挥。每一个学生都有或多或少的自身价值,教师对他们自由的评价认识空间可以让他们认识到自身的价值所在。

三、亦趣,儿童水墨“生长”之本

每一个时代,每一个阶段都会有不同的美术内容和艺术表现。我们应该让学生的儿童水墨画表现突显“乡土情、人文情”。让我们的美术教育教学,特别是水墨画教学适应时代要求,展现时代风貌。画家经常运用一些景物托物言志,表达高尚、积极向上的风格品格。以竹为例,竹挺直坚硬、生机勃勃、虚心有气节的特点表达了竹顽强、倔强、挺拔向上的精神。但传统画竹方法较为古板,缺乏生趣,学生学起来兴趣不大。让水墨变得有趣,儿童水墨自然就会生长繁衍。为了让这节课“亦趣”,我设计了赏竹—品竹—说竹—画竹的环节,让学生投身竹海,课堂变得生动有趣,收到了较好的教学效果。

赏竹:谈自己的“竹海游”经历,直观带入,伴以学生游竹海图片,要求学生再次赏竹,同学们非常激动,纷纷说出自己观察到的竹海竹子的细节,与竹子有关的形态、结构、作用、品种等特点。

品竹：在赏竹基础上趁热打铁，更深入地引导学生来感悟竹子挺拔有气节的精神和竹画的发展历史。这样不仅让学生能够体会笔墨的韵味，而且让学生领略到了艺术的人文精神，从而培养学生更加热爱自然、热爱民族艺术的情感。品竹，我从画竹历史入手，说名家，品名画，名诗词。

说竹：在品竹基础上探究水墨表现创作技法——同一内容的不同表现方法。——探究应该怎么画？——选材、构思、构图、选择表现技法？——笔墨、粗、浓淡、干湿、疏密？在学生自主探究的基础上教师示范并出示范作图片——竹笋、风竹、竹下品茶、壶竹图、竹林等。

画竹：根据自己的体会，让学生以竹为内容，以水墨画为载体，自由表现自己心中的竹的海洋。创作要求：大处立意，小处着笔。楼塔、壶、洞、茶、人物、风光皆可入画。

我们以水墨画教学为手段，对美术教学进行多次教研活动，引起了到场专家、老师很大的反响。如：以“彩陶文化”“竹文化”为题材的水墨活动，因为身边有很多相关资源可供学生参考，学生完全可以利用自身的知识水平、技能层次来进行类似题材的创作，因此都是学生自我创作的好题材，学生也都表现得兴趣盎然，体现了水墨的趣味性。就让我们把学生从文化的鸟笼里解放出来，让他们飞向大自然、大社会，让他们自由地去寻觅，去捕捉吧！

（蒋　峰）

有源·有趣·有意

——儿童水墨画应有的教学追求

【摘　要】水墨画是我国优秀的传统文化，儿童水墨画教学必须适应时代的要求，在了解和欣赏传统的基础上，依托地域特色和本土浓重的文化底蕴，亲近自然、走进社会，结合学生的年龄特点和生活经验，以激发兴趣为关键，以观察体验为主要学习方式，展开观察、体验、比较、分析、尝试、创作。在不自觉中掌握水墨画的笔墨技巧，建构起一种自我表现的方式和风格特征。从而激发学生喜爱民族艺术和传承民族文化的情感。

【关键词】乡土素材；儿童水墨；有源；有趣；有意

水墨画是中华民族优秀的传统文化，源远流长，博大精深。让学生从小接触、学习水墨画有利于培养他们的水墨兴趣，涵养他们的文化秉性，很好地传承和发展祖国优秀的传统文化。笔者家乡是一座山水城市、园林城市、宜居城市，山清水秀、人文荟萃。云湖、善卷洞、竹海、龙池山等风景名胜，为学习水墨画提供了绝佳的自然题材；悲鸿故居、国山书院、梁祝故里等人文古迹，是本土文化底蕴深厚的体现。丰硕的自然和文化资源都是水墨画研习的极好素材。基于此，学生的水墨画创作应重视对学生观察方法的培养，注重让学生从事物本身出发去表现内心感受，不亦步亦趋地临摹，而在新课程理念的指导下引导学生以更加广泛的艺术思想来开展国画教学，[1]这样的学习对于儿童更具有发展性意义。

一、有源：让乡土文化能入“儿童眼”

1. 体验校本性的文化活动

在儿童国画的教学中，可以大胆地选择学生生活中熟悉的、感兴趣的、能借以抒发内心情感的题材进行学习和创作。

“龙”是中华民族世世代代所崇拜的图腾。数千年来，炎黄子孙都把自己称作“龙的传人”。舞龙是我们的一种传统民俗文化活动，每逢喜庆节日，人们都会以舞龙的方式来祈求平安和丰收。孩子们对这样的题材自然是感兴趣的。在了解了舞龙的相关知识后，老师便带领学生现场观看学校少年宫活动中舞龙队的精彩表演。锣鼓声中，只见一人手持龙珠棒来回奔走，忽上忽下，长龙昂首摆尾，蜿蜒游走，孩子们边看边指点着、交流着，充分感受到了当时的热闹欢快场景。在体验感受之后，回到教室，老师再引导学生回忆交流舞龙灯的场景，可以用怎样的笔墨来进行表现，如角度的选择、构图的安排、表现的方法等，学生们兴趣高涨，想出许多表现方法，如勾线设色、水墨写意等。在深入局部探讨时，学生们更有自己的主见，如"红珠子"可以直接用红色点写，龙头可以用勾线和点写结合来表现，龙鳞可以用浓淡有变化的墨色晕染，人的头发可以直接以墨点染，人物动态要夸张，用自然浓淡的线条勾勒后施色等。老师在肯定学生的想法后做局部的笔墨示范，突出龙的动态、人物的表情、画面的遮挡等，正是这亲身的体验，使得孩子们笔下的舞龙动态夸张，生动有趣。

2. 感知民俗性的文化形式

每年元宵节的夜晚，大街上少不了各种特色文艺表演。除了有传统的舞龙、舞狮、龙船、腰鼓外，还有获得"江苏省非物质文化遗产"称号的"男欢女嬉"表演，"男欢女嬉"又称"大头娃娃舞"，传说为当地独有的特色鲜明的民间传统舞蹈，舞蹈者戴着大面具，男执扇，女拿帕，边跳边舞。通过欣赏这段特色鲜明的舞蹈，孩子们直观感知了人物的外形和动态，于是讨论构思、构图，尝试表现，一系列的水墨创作思路、笔墨语言在孩子们的推敲挥墨之间自然而成，学生在用水墨画表现之时为家乡的优秀传统文化而感到由衷的自豪。

3. 触摸自然性的文化肌理

美术是历史，是文化，作为优秀传统文化的水墨画更是如此，学生的水墨画学习应不再局限于美术课堂，应拓展至更广更深更宽的范围。作为陶都的孩子，自然在陶瓷艺术方面有着得天独厚的优势，孩子们在参观古龙窑、陶瓷艺术博物馆后，对紫砂壶造型和纹饰的变化体会更深。几何形、自然形、小型壶、水平壶等姿态各异，纹饰精美。孩子们带着这份喜爱和自豪的情感，投入到水墨创作中——制壶图、品茶图、参观壶、学做壶……一系列本土题材的创作源源不断。

二、有趣：让笔墨素材打动"儿童心"

生活是艺术的源泉，其实生活中的许多场景都可以成为孩子们喜欢表现的有趣内容，而且由于孩子们对生活的感受和理解都有着自己独特的方式和角度，因此，孩子们笔下的生活场景显得更加生动和有趣。

1. 探寻"名故里"的动人"往事"

祝陵，是本地的一个村子名，相传是很久很久以前为了纪念祝英台而命名的，一直沿袭至今。结合学校的社会实践活动，我们来到了善卷，来到了梁祝故事的发源地，向当地的老人们探寻这一段动人的往事，倾听这段关于祝陵的传说。走过一道道门槛，透过一扇扇木窗，大石头上刻着的“碧鲜庵”三个有力的大字，仿佛唤醒了我们记忆中的那个凄美故事，结合戏台上的梁祝化蝶表演，让学生深刻地体验和感受到这闻名故里的动人往事。课上让学生忆一忆、说一说、演一演，再来学习如何用水墨的语言表现出动人的场景。毛笔线条表现人物相对于硬笔线描更容易找到变化的乐趣，线条可粗可细，可干可湿，可单线勾勒也可墨线结合，不管哪一种笔法都要引导孩子结合人物的关系，五官、衣纹、头发，都有不同的笔法塑造，融会贯通，不要限于单一，从给你印象最深的地方开始运笔，顺势延伸到其他部位，灵感随之而来。[2]眼球的转动、嘴巴的张合、嘴角的上下浮动，抓住一两个点，神态就有了。于是《化蝶节》《梁祝戏曲》《忆英台》等作品自然而成。

2. 追寻“老手艺”的感人“美事”

从学生熟悉的生活中探究掌握学习的内容，对于提高学生美术学习的兴趣，丰富学习的情感都具有积极的意义，这也是新课程倡导的教育理念。《家乡的烧饼店》这一教学主题是以学生的生活体验为学习内容，同时也是学生了解和熟悉地方特色的一个良好的窗口，教学前，让学生去看一看、学一学、尝一尝、说一说，然后用水墨的语言结合勾线设色的方法表现关于三五桥特色烧饼的情景，通过人物刻画和环境的衬托表现三代老手艺人感人的传承美事，提高学生观察生活和表现生活的能力，通过这一创作活动进一步培养学生热爱家乡、热爱生活的思想感情。

3. 搜寻“小巷子”的逗人“趣事”

《茶馆里的故事》这一课体现了街边小巷的生活情趣，石碑桥下小弄堂里的茶馆，记录着一代人的生活故事。教学时让学生带着几个问题来欣赏茶馆里的故事：茶馆里有些什么设施？哪些人经常在里面？他们都会做些什么？怎样处理的茶馆里的人物故事。基于此，教师要巧妙地引导学生开展学习活动，如通过讨论交流、图片欣赏、故事叙述、素材提供等方法帮助学生自己构思整个画面，从而鼓励每位学生的独特表现和艺术想象。

三、有意：让水墨构图能显“儿童气”

任何形式的美术教学都要以人为本，要根据学生的不同年龄和心理特征来展开相应的教学，儿童水墨画创作的构图安排更应注重随形随意。

1. 支持儿童“意料之中”的自由设计

创作《下雪天》一画时，让学生回忆下雪天的活动场景，结合图片的欣赏，孩子们直观感知了本课教学中的主体与背景的关系。教师在示范了主体人物打雪仗的水墨表现技法之后，直接出示堆雪人、滚雪球、玩雪、看雪花的不同动态造型，在背景的处理上，引导学生用油水分离法表现天空中的雪花，留白法突出大片的雪地，并引导学生主体突出，主次分明，遮挡有序。随后由学生自己构思创作。虽然没有完整作品的参考临摹，但孩子们在掌握了意料之中的构思构图安排之后，自由设计的画面更能吸引人眼球，打动人内心。

2. 支持儿童“意料之外”的自己解读

主题性的创作画，尤其在构思的表现上，应尽量突出主体，画面变化而统一，鼓励创新性的表现方式，在笔法上多做一些演示，帮助学生形成个性化的艺术风格，提升艺术的表现力和创造力。

在教学《美好生活》时，教师提供了契合主题的几个场景照片，如：看漂亮阿姨跳舞；爷孙俩乐呵呵地看着农家小院大丰收；小朋友围着陶艺大师学做壶。孩子们各自选择了自己喜爱表现的场景，分组进入讨论交流：从何入手，选择怎样的笔法，怎样调墨，哪些地方要控制线条的速度和笔肚的水分……在他们的一番主动探讨之后，教师根据学生的想法，示范了几处难点的把握，就放手让学生作画。学生带着自己的想法，边画边思考边补充：有的将漂亮阿姨画得特大，小观众特小，但个个打扮漂亮；画学做壶的，想画出侧面仰头的姿态，还把纸斜着画，画好主要的人物后还边想边添加了大师工作室内的环境，气氛更浓了；画爷孙俩喜看大丰收一画的同学，不仅把小院里的小猫、小狗、小鸡、鸟儿都安排在画面上，还用透视眼的方法画出家里面的布置，好不热闹！笔笔这些，老师都无意安排，也没有做任何的示范，可孩子们画起来都那么自然，随心随意，意到笔到，笔到心到，笔墨在他们的随形联想中有意义地生成于画面，作为老师，见到这些无意的有意，当然尊重他们的想法，肯定他们的行动，支持他们无意之中体现出来的有意表达，并随形给予他们画面的形式美感以适当的引导和完善。

儿童水墨，蕴着乡土的气息，如山涧的一泓清泉，有源不断；碰撞着青石溅出滴滴水花，生动有趣；它将流向孩子们纯洁的心田，伴着一颗颗纯真的童心有意义地前行！

（毛俊艳）

【参考文献】

[1] 朱国华. 怎样上好造型·表现课[M]. 重庆：西南大学出版社，2006：112.

[2] 吴林. 儿童水墨画教程[M]. 长沙：湖南美术出版社，2011：67.

发表于《江苏教育研究》2017 年第五期 B 版。

笔戏水墨　画以养品

——儿童水墨画教学的实践与探究

【摘　要】 水墨画是我国优秀的传统文化，儿童水墨画教学必须适应时代的要求，在了解和欣赏传统的基础上，摆脱僵化临摹，寻找知识技能与儿童主体的有机联系，以激发兴趣为关键，以观察体验为主要学习方式，游戏水墨，感受笔墨技法；挖掘题材，体验水墨创作；水墨表现，涵养人文品质，深入传递最自然的水墨文化。从而激发学生喜爱民族艺术和传承民族文化的情感。

【关键词】 笔墨技法；挖掘题材；涵养品质

作为中华民族优秀传统文化的水墨画，源远流长，博大精深。让学生从小接触并学习水墨画有利于培养学生对水墨画的热爱之情，涵养他们的文化秉性及对祖国优秀传统文化的传承和发展都有重要作用。在此，笔者想从“游戏水墨，感受笔墨技法”，“挖掘题材，体验水墨创作”，“水墨表现，涵养人文品质”这三方面来谈谈自己的实践感想。

一、游戏水墨，感受笔墨技法

如果照以往用临摹方式传授水墨知识与技法，很可能会使儿童处于被动境地，削弱其内在能动性与创造力。因此，我们需要摆脱僵化临摹，寻找知识技能与儿童主体的有机联系，深入传递最自然的水墨文化。

1. 玩转笔墨

玩，是孩子的天性，在玩线、玩墨中把握墨色规律，发散思维。重视学生毛笔体验表现点、线、面的感受，体会宣纸的特殊效果和丰富的肌理，玩味墨色的干、湿、浓、淡变化。

如：拉根线条去散步，通过扶着毛笔慢慢走、停一停、快速跑、转个圈等来体验水墨的渗化和干湿；墨是实的，水是清的，注入了水，墨才有了灵性，在教低年段学生用笔蘸墨时，我们有必要通过教师示范吸水、舔干、笔尖蘸墨的步骤，然后画完笔中的墨再继续重复这一步骤。这一过程，虽然是简单的三个动作，其中包含吸水的多少，舔干的程度，蘸墨的分量都使墨色浓淡有不同的变化。学生在观察和不断的尝试中，笔笔有感受，每一笔是简单的，汇集起来就是丰富的，慢慢就会发现和掌握其中的奥妙。孩子在玩墨色变化的时候，引导他去想象一个情景，如留白的是阳光，大片墨块是树叶层次，添加几笔自由的线条就是树枝了，没有具象的形的限制，表达的是超越物象的意境，这不就是中国画的精神追求？

2. 笔法与墨法

张大千说过，要画好中国画，首先要运好笔，以笔法为主导，发挥墨法的作用，才能如兼五彩。如教学不同的笔法时，先让学生试着做做“踮起脚、坐下来、立正站、侧倒身体”等动作，在具身体验后，观察老师把毛笔的笔杆当成是学生的身体来一一对应着帮助孩子理解：踮起脚即中锋提笔，坐下来即中锋按笔，侧身走即侧锋，躺下来即擦的动作等等，使学生在不自觉中掌握用笔的提按，变化出粗细。

墨法是水墨韵味的具体体现，是水墨画成败的关键，墨法的单一会造成墨色单调缺少韵味。教孩子运用时，不管是线还是面都要呈现出枯湿浓淡的丰富变化，调墨和积墨的运用就是关键所在。

在掌握了基本的用笔用墨的基础上，可以进一步引导学生观察和感受泼墨法、积墨法、破墨法、勾线填色法、点写法、重彩法等技法所带来的墨韵、笔趣和色美。建构起一种自我表现的方式和风格特征，创造性地学习传统水墨。

二、挖掘题材，体验水墨创作

1. 丰富的自然资源

笔者家乡是座山水城市、园林城市、宜居城市，山清水秀、人文荟萃。云湖，善卷洞，竹海，龙池山等风景名胜，为学习水墨画提供了绝佳的自然题材。基于此，学生的水墨画创作应重视学生的观察方法的培养，注重学生从事物本身出发去表现内心感受，不亦步亦趋的临摹。

写生树一课，选择了先在校园里进行，香樟、龙爪槐、广玉兰、玉桂等等各种树木形态各异，每天孩子们在它们身边嬉戏，是儿童国画学习最好的资源。教学活动分成了两个部分，先在教室里通过多媒体课件的展示引导学生观察和分析对象，讨论可以用怎样的笔墨技法来进行表现。如：树的生长规律，树皮的肌理效果，树叶的符号特征等，重视给学生欣赏优秀的作品，特别是历代经典和现代画家的优秀作品；注重培养学生的审美素养。轻视程式化的作画套路。写生前适当指导学生外出写生的注意事项，如角度的选择，工具的准备摆放，安全的强调等。第二部分是外出写生，这对于孩子来说是一种难得的体验。一到写生现场，他们便忙开了，寻找写生对象，选择角度，有的趴在草地上，有的蹲在树荫下，有的坐在花坛边就开始了，这时候老师的个别辅导就显得十分的重要，怎样安排画面，怎样把观察到的内容转化成笔墨，怎样有规律地变化墨色等，要改变学生的一些习惯性的表现方法，如树干画成长方形，树冠画成圆形等，要强调深入的观察和自我体会，善于从树的形态、结构、纹理明暗等获得笔墨符号和意趣，使作品呈现出独特的个性风格和艺术品质。

在对树的水墨表现有了一定的基础之后，布置学生课后找找我们宜兴常见的树，如板栗树、毛竹、银杏、茶树等，观察这些树的树干、树枝、树叶、花和果实，思考又分别可以选择怎样的墨色、笔法来表现和突出各自的特征，课上引导学生讨论探究、尝试体验，从而达到触类旁通，自由创作的目标。

同样在对孩子感兴趣的青蛙、小狗、马等水墨动物开展教学之后，引导孩子从一点展开想象，我们平时是怎样与它们相处的？可以再添加些什么来陪伴这些小动物？于是孩子想象的翅膀就张开了，在一步步的讨论、构思、添画中，一幅幅童趣天真的作品自然天成。

2. 浓厚的乡土文化

当地山区竹海环抱，竹器编制这一手工艺术代代相传，到了现在，精通这门工艺的竹匠越来越稀少，为了让学生了解家乡的这一特色手工艺制作，教师设计了走访艺人、参观制作、了解工艺、表现竹文化等一系列环节，引导学生用水墨画来表现乡土资源文化。

生活是艺术的源泉，其实生活中的许多场景都可以成为孩子们喜欢表现的有趣内容，而且由于孩子们对生活的感受和理解都有着自己独特的方式和角度，因此，孩子们笔下的生活场景显得更加生动和有趣。《茶馆里的故事》这一课体现了街边小巷的生活情趣，当地石碑桥下的小弄堂里就有一个很热闹的茶馆，这里每天人来人往，记录着一代人的生活故事。教学时让学生带着几个问题来欣赏茶馆里的故事:茶馆是怎样的？有些什么设施？哪些人经常在里面？他们都会做些什么？怎样安排好画面的空间和线面关系，并使其疏密有致，显现整体效果？怎样处理好画面的详略关系？重点处理的茶馆设施和人物故事怎样表现得充分和生动？为了解决好这些问题，教师要巧妙地引导学生开展学习活动，如通过讨论交流、图片欣赏、故事叙述、素材提供等方法帮助学生建立自己的构思和完结整个画面的效果，要鼓励每位学生的独特表现和艺术想象。

主题性的创作画，尤其在构思的表现上，应尽量突出主体，围绕一件事物或现象，进行深入探究，了解其文化内涵，挖掘美术教学资源，丰富教学内容。因此，研究、表现和创造是儿童水墨画学习的一种重要方式，通过讨论、交流与演示，启发学生思考与领会:可以确定一个怎样的主题?可以用怎样的笔墨勾勒?怎样安排画面的内容才好看?选择哪些内容可以更好、更生动地表现出主题,并使画面充满生活趣味?可以用怎样的色墨关系呈现自己的表现风格?《水墨桃溪》一课就采用了这样一系列的环节来引导学生水墨创作。

影像感受:对于家乡的母亲河,我希望同学们能更多地用艺术的眼光和文化的视角来欣赏和思考。下面,就让我们追寻着历史的足迹跟着镜头来捕捉最能打动你心灵的画面。

表现研究:那么我们怎样用水墨来表现这些心中的画面呢?这里有桃溪河小桥、流水、人家的美丽风景,请同学们讨论和研究一下,可以表现出怎样的水墨感觉和艺术效果?

画面组织:以什么为主体,怎样安排这些景物才好看且有意境,不同角度的房子,前后遮挡、高低错落、白墙黑瓦,古朴沧桑怎样表现?

鼓励创想:想象一下,会从怎样的角度、选择什么样的主体,进行怎样的画面安排来画心中的桃溪河?(飞翔在河面上的小鸟、行进在河中的小船、充满艺术与人文思想的时间老人。)

展示评价:桃溪河源远流长,让我们把笔下的河连成一条完整的桃溪,一起来欣赏和品味,让我们组团在游玩中欣赏和交流好吗?

这些活动与问题的设计重点在于引导学生以主动探究的精神和过程来表现和把握创作活动主题的确定、构图的安排、主体的选择与刻画、笔墨方法的运用、画面风格的形成等。在这个过程中,虽然学生是学习的主体,但我认为教师的引导作用也很重要,它关系到学生的学习方法、学习方向和学业成败。教师要充分地运用演示、尝试、资料图片观察等方法去引导学生展开讨论与研究,使学生既掌握方法,又开阔思路;既把握基本元素,又能举一反三,不拘于一。

3. 多彩的校园生活

校园生活是学生最熟悉的和最感兴趣的,能借以抒发学生内心的情感。如《舞长龙》一课,老师在介绍了舞龙灯的来历后,便带领学生现场观看我校少年宫活动中舞龙队的精彩表演,锣鼓声中,数十位高年级的大哥哥随着龙头前面的红色花球举竿来回奔走,长龙昂首摆尾,蜿蜒游走,孩子们边看边指点着、交流着,充分感受到了当时的热闹欢快场景。在体验感受之后,回到教室,老师再引导学生回忆交流舞龙灯的场景,可以用怎样的国画方式来进行表现,如形象角度的选择、构图的方式、表现的方法等,学生们兴趣高涨,想出许多的表现方法,如勾线设色、水墨写意等。深入局部的探讨时,学生们更有自己的主见,如"红珠子"可以直接用红色点写，龙头可以用勾线和点写结合的方式来表现，龙鳞可以用浓淡有变化的墨色晕染，人的头发可以直接以墨点染，人物造型用淡墨勾勒……想法伴着感受，挥洒着灵动水墨，创作的作品自然真情流露。

三、水墨表现，涵养人文品质

水墨画向来重人品修养，素有“人品不高，落墨无法”之论。梅兰竹菊等国画作品向我们展示的不仅是笔墨气韵，更传递着为人之高洁品格和坚毅个性。在我的国画课堂上，低年级学生个个专注地沉浸在水墨意趣中，甚至于课前“早早候课”，课后“依依不舍”，喜爱之情溢于言表，远远超越了技法的价值。

学习应该是“意义创造过程之中的探险”。从古至今许多优秀的艺术形式都能和水墨碰出别样韵味的墨花，如画像砖、岩画、瓦当纹、木雕窗、青花瓷、戏剧人物等都能让学生用自己的笔墨语言来创造表现。学生的文化视野拓宽了，画作题材丰富了，探究的欲望也更强烈了。

“中国绘画是中国民族精神的最大表白，也是中国哲学思想最亲切的某种样式。”我们只有找到与其他学科的契合点，与其他学科“一以贯之”、相互渗透，形成多学科边缘关系的有机整合，才能真正把握中国画的精髓，彰显其教育魅力，走出学科本位的狭隘圈子。

诗情画意的融合。中国画，不仅涵画意，还涵诗情。在诗词教学中，运用国画进行意境渲染，可帮助学生“身临其境”地体会课文意境，解读文本意蕴，进行形象思维，使学生获得多层次、多侧面的审美感受，提高诗词学习的效果。在国画教学中，把学生熟知的诗句作为构图创作素材，展开想象，以诗题款，更能增强诗情画意的意蕴。

形神兼得的张力。课程及教学的最重要原则就是用文化的力量导向人的灵魂。水墨画教学结合着母亲节、重阳节、教师节、国庆节等节日，开展为妈妈、为长辈、为老师、为祖国送心意、送祝福等实践活动，向大家展示书画才艺，抒发自己爱自然、爱生活、爱家乡、爱祖国的情怀，展现文化的道德张力。

儿童水墨如同一弯清渠，浸润着思想，透露着温情，蕴含着智慧，映照出文化行动的翩翩侧影，伴随着溪流淙淙，我将拂尘静思，务本力行，伴着灿烂的水墨文化继续前行……

（周亚君）

有一种游戏叫水墨
——一年级《水墨游戏》有感

《水墨游戏》是一堂特有的中国水墨画课,但是,对于一个习惯于现代生活的一年级学生来说,中国画是一个多么遥远、多么古老的事情。要穿越百年,去感受这门艺术委实很难,不光是绘画工具的差异,还有文化、欣赏、想象等多方面的因素。

中国画是一个有着千年历史,蕴含着中国哲学、人文等多种元素的艺术。提起中国画这个名词,就会让人自然而然地想到高山流水、古木宝刹的端庄;想起竹影松风、雅士文人的高古;想起采菊东篱下,悠然见南山的闲适;想起流觞曲水,群贤毕至的幽情。

考虑到现代孩子们的接受程度,我把这堂课命名为《水墨游戏》。

《水墨游戏》削弱了中国画几千年积淀的厚重感,给这个古老的艺术注入了新的气息。从现代孩子的角度,用游戏的形式来重新感悟中国画艺术的魅力。

整个课程从学生的情绪出发,在教师的引导下,摒弃传统的笔墨传授,以游戏的形式,让学生从大量的实际操作中体验水墨的特殊效果。

一、与众不同的宣纸

1. 摸一摸宣纸

让学生摸一摸自己的宣纸和平时的绘画纸有什么不同,学生都能感觉到宣纸更薄、更软。

2. 做个小游戏

通过小游戏让学生看看宣纸的特殊性能。在一盆清水中滴入几滴墨,再滴入几滴蓝色和黄色的颜料,用宣纸在里面快速地拖过,一丝丝的墨混合着水和颜料在宣纸上留下漂亮的肌理,有的像高山,有的像瀑布。告诉同学们,宣纸很特别,不同的液体都能在它们身上留下不同的肌理,还特别易溶于水。

二、变化万千的线条

1. 浓淡不同的线条

墨汁都是黑色的,老师用黑黑的墨汁在宣纸上画出一根浓浓的直线条,请同学们也在自己的宣纸上像老师一样画一根墨线条。然后提出要求:你能不能画一根淡一点的线条?要把这么黑的墨汁变淡怎么办?请同学们自己体会自己画,在自己的宣纸上画出浓淡不同的线条。老师巡视后请画得特别棒的学生说说他是怎么画出淡淡的线条的。总结:原来要画出浓淡不一的线条需要适当地加水。老师示范画各种浓淡不一的线条,同时教学生用水调墨的方法。特别示范:每次画时先蘸水然后笔尖掭墨,这样画出来的线条特别有变化。

2. 干涩不同的线条

老师示范具有飞白效果的线条,让学生观察后总结:要画出这种线条,要蘸很少的墨汁,还可以画得快一点。

3. 曲折不同的线条

通过以上两个线条的练习,学生明白了线条的干湿浓淡变化,这次提出要求,让学生自由发挥。请同学们用刚才学到的方法画弯曲的线条,打着卷的线条,水波纹线条,折线条等,特别表扬能画出浓淡变化作业的学生。同时让学生尝试在线条上加各种浓淡的点,会产生很好的效果。

三、水墨交融的游戏

1. 水破墨的游戏

让学生用浓墨在宣纸上乱涂一番,然后请他们用水在画过的浓墨痕迹边缘涂抹,看看会有什么效果。

2. 墨破水的游戏

让学生用水在宣纸上涂画,然后蘸少许浓墨在涂抹过的地方加点或画线,再看看会有什么效果。

3. 自由创作

用学过的方法在宣纸上自由涂抹、画线、画点,看看会变成一幅什么作品。

通过以上几个步骤的练习,学生兴趣盎然,不断有新的作品出现,这样融技法于游戏中,降低了难度。并且,从学生的兴趣出发,效果非常明显。尤其,学生年龄小,不受其他因素的约束,绘画的胆子很大,一批抽象水墨画就此诞生。

四、笔墨摹形的乐趣

通过以上几个环节的练习,学生对水墨的兴趣越来越浓。水墨在宣纸上能变化出各种各样的效果,每次都不一样。学生真是一个个千变万化的精灵,思维的深度远在老师的想象之外。令人惊喜的是,在自由涂抹的过程中,有好多同学都开始尝试表现他所熟悉的事物,他们已经不满足于目前的水墨游戏了。这是一个非常好的现象,这时候我及时让学生看一批少儿水墨作品以及大师的作品,让他们了解水墨画的各种表现风格。学生看了这些作品，不时发出一阵阵惊叹。在接下来的练习中，学生的情绪较之前沉稳了些，好多学生拿着笔开始思考，可以看出，学生对水墨画的理解又前进了一步。这次的作品虽不成熟，却童趣盎然。

激情是艺术的动力，在这场充满激情的水墨游戏中，学生经历了兴奋—期待—仰慕—思考—成功这一系列思维过程，体验了水墨的特殊魅力，创作了与众不同的水墨作品。感悟到我们中国水墨绘画的博大精深，同时改变了以往的欣赏风格，拓宽了艺术表现的视野。

在经过了水印拓影、浓墨淡墨涂鸦等游戏过程后，我带领学生进入了古今名作欣赏阶段。

每次作品欣赏，我都希望能带给学生别样的感受，所以在作品欣赏这一环节，我都要精心设计。这次，我挑选了从古到今的一系列名作，做成动画形式，并配上了中国古典民乐《高山流水》，我认为在这种清音雅韵中品中国画作品是一种全身心的艺术享受。

悠悠的古筝曲响起，慢慢地展开画卷：从展子虔的《韩熙载夜宴图》到傅抱石的《湘妃图》，从朱耷的《鱼石图》到吴冠中的《江南系列》，从清代四高僧的古典山水到近代黄宾虹的重墨写意。整个画卷穿越千年，在时而舒缓悠扬、时而激昂奔放的乐声中徐徐展开。置身其中，跟着画卷的展现，领略着各个时代的风格变迁，感受着各个画种的不同韵味，体悟着每个画家折射出来的人格魅力，实在是一种穿越千年的精神洗礼。

学生从开始时的窃窃私语中安静下来，他们不时张大嘴巴发出整齐的“啊”的惊叹声，从他们专注的眼神，放光的脸颊，我知道，他们已经沉浸在中国画的艺术天地里面，他们已经被这跨越时空的艺术之美所感染，他们能够理解这门古老而年轻的艺术，他们陶醉了。

俗话说：一方水土养一方人，也许有着千年文化积淀的中国人本身就具备着先天的国画天赋，有着非凡的想象力。一根墨线，连最不喜欢画画的学生都能说这是一座山、一根小草、一阵风……他们很自然地能理解其中大片的空白，诗一般的韵味，还有那晦涩的圈圈点点的书法和篆刻。

我常常想，我们中国的孩子为何能这么理解中国画，是遗传还是耳濡目染？虽然受外来文化和现代文化的冲击，却依然不失欣赏中国画的眼光。我也常常为此自豪，我们的民族是如此优秀啊！

看着孩子们专注的眼神，我也陶醉了。由此而想：有着如此天赋的孩子们，怎么能丢失国画这门民族艺术，它是我们的精神食粮呀！

我喜欢墨在宣纸上留下的痕迹，斑驳的，一如远古沉重的回音；轻柔的，又似江南流水的潺潺。喜欢长锋在宣纸上留下的每一根线条，缠绵的，似沧海桑田的年轮；劲利的，又如刀凿斧刻的痕迹。独自闯入中国画这片特殊的世界，默默享受着这墨黑黑的世界带给我的心灵震颤——这是我在博客上的一段前言。我总以为，一方艺术滋养着一方人民。像中国画这种融天地万物、诗词书章、人情哲理于一体的艺术，它历久千年而不衰。它让我们看到历史的变迁、人情的冷暖，它让我们感受《寒江独钓》的凄美，它让我们体会《冷梅幽香》的孤傲，它让我们仰慕《绝壁青松》的坚强，它让我们享受《牡丹怒放》的繁华……这样的一门艺术，该给孩子们怎样的艺术熏陶呀！

现在每个年级都有一个单元的水墨画课，我希望我们的老师能够不怕麻烦，开足这门艺术。看看孩子们期待的眼神吧，看看孩子们欣赏时候的陶醉吧，看看孩子们听老师说要开水墨画课时候的欢呼雀跃吧。我希望这门古老而又年轻的艺术能够带给孩子们真正的心灵的洗礼。

几千年来，笔墨纸砚一直是家里的文房四宝，斗转星移，曾几何时，笔墨纸砚变成了稀罕物了，偶尔会在某些书架上出现，也只是作为一种附庸风雅的点缀物罢了。也许是时代的发展，也许是人们爱好的转移，但是我觉得这确确实实是一种文化的丢失。造成这种状况的原因很多，学校也有一部分责任。例如：一、学校没有专门的水墨艺术组，却有专门的儿童画兴趣组，儿童画兴趣组是只用蜡笔、水彩笔等现代工具在铅画纸上创作。二、各种比赛基本都是运用现代工具完成的命题比赛，大到全国级别的，小到市级、校级的。三、因为水墨画工具的难控制性，造成许多家长以及老师不愿孩子涉及这门艺术。如此种种原因，水墨作品只能当作一种点缀，偶尔为之，倒变成不登大雅之堂了。

其实，中国的孩子，先天就有着爱好、欣赏、创作国画的潜质，他们对水墨画有着本能的天赋。每次看到国画课上孩子们开心的神情，我就非常感动。只要各方面付出一点点努力，就能满足孩子们的追求。先从我们做起吧，把中国画这种跨越时空的美传承下去，让现在及将来的孩子们都能接受这博大而精深的艺术洗礼。

（吴　娟）

第四章

我的课堂“我做主”

传统笔墨与"意象"表达

——《陶瓷上的水墨画》教学实践与思考

【教学内容】

本课是2016年全国中小学水墨画课堂研讨活动上的展示课，本次活动在广东省中山市雍景园小学举办。为了突出地方特色，选择了宜兴最为靓丽的名片——"陶的古都"作为本课的教学内容，教学对象是小学三年级学生，旨在引导学生积极参与地方文化的传承和交流，提高审美品位，激发当地学生对宜兴陶瓷文化的研究兴趣，增强学生对陶瓷文化的热爱。

【课前思考】

一、如何唤起对"图"的感知？

儿童天生都有一种对物象感知的能力，缺少的是教师对学生的唤醒。美术核心素养中强调的"图像识读"，就是需要教师在特定的环境与情景中，呈现一种特别的事物，以唤起学生对这些视觉内容的"再认知""再强化"。生活中陶瓷器皿随处可见，但是大部分人对上面的纹饰不会产生太多的感受。而通过本课的教学，让陶瓷上一幅幅有趣味、有个性、有寓意的画呈现在儿童眼前，引导他们从视觉图像认知出发，以递进式的认知规律，深入感知从"图"到"像"的转换，直达"意"的迁移表现。

二、从意象到笔墨

多年的水墨画教学实践发现，学生会基于自己的一些学习经验，甚至借鉴他们在其他画种的表现方法，将其运用到水墨画中。大多数孩子都喜欢用线条表现不同的事物，而这些线条有的大胆肯定，有的平滑细腻，有的凝涩而有质感，这些不同状态的笔墨线条，其实就是学生心中"意象"的外在表达。本课通过粗犷的陶器与雅致的瓷瓶对比，以水墨线条独有的韵味来表现不同质感的陶瓷器皿，在内容上强化学生用线，而在线造型的过程中尊重学生的自主体验，让学生学会用浓淡、粗细、疏密等节奏变化的线条表现陶与瓷不同的质感。

三、在自然情境中寻求素材

中国画讲究法度，在法度以内追求一种表达的自由度。石涛曾说“搜尽奇峰打草稿”，他的观点是书画创作要多采集素材，多观察事物，才能迸发灵感。同样，学生的水墨创作也需要师法自然，以真实物境为基础，才能创作出打动人心的画作。本课引导学生在陶瓷器皿上创作有寓意的画时，要有意识地抓住金秋十月，当地菊花盛开的季节与文化特色，通过教师的分析讲解示范画法，强化学生的笔墨意识，再通过欣赏范作的环节，让学生理解疏密、浓淡、动静的对比，不断发现生活中事物的美，最终激发自由创作的热情。

【课堂回放】

一、课前谈话

师：小朋友们，今天，我们的课桌上准备好了笔、墨、纸、水，知道要上什么课了吗？对，今天老师要和大家一起上一节水墨画课。(板书：水墨画。)老师先自我介绍一下。我姓周，来自江苏宜兴。(出示文字：江苏宜兴。)宜兴有一个美称——它是中国的“陶都”。这个美称的由来是因为它！(出示紫砂壶图片。)你认识它吗？它叫“紫砂壶”，是用宜兴独有的紫砂泥烧制而成的，用它泡出来的茶特别香。宜兴在古代的名字叫“阳羡”(出示文字。)，周老师就来自“宜兴市阳羡小学”(PPT 出示。)

师：今天我还带来了我们学校小朋友的水墨画，你们想看吗？

生：想！

师：那你要看清楚了，看完以后告诉老师，你最喜欢哪一幅？并且说说你喜欢的理由。(播放图片。)

生 1：《冬天》，那一幅画构图很完整。

生 2：《竹海》，我觉得它的风景很优美，住在那里会很舒服。

师：看得出你也是个会享受生活的人！

师：老师比较喜欢这一幅(出示图 3。)，构图虽然很简单，但是小朋友抓住了鸟的特征，你看，两只鸟的墨色由浓到淡自然变化，多有水墨韵味啊！

师：(出示图 4。)这两只鸟圆圆胖胖的，一大一小，也很生动。看上去毛笔上的水分和墨是多还是少呢？

生：多！

师：也就是用湿墨来表现的，感觉特别酣畅淋漓。

师：(出示图 5。)这幅《放风筝》，老师也很喜欢，因为我感觉真的有风吹过来。你感觉到了吗？

生：感觉到了。

师:这风是用什么方法画的?

生1:侧锋画的。

生2:墨很少,是枯笔。

生3:不是画出来的,是擦出来的。

师:(出示《妈妈和我》。)妈妈的头发是怎么画出来的呢?

生1:也是侧锋。

生2:但是毛笔上的墨和水都比较多。

师:这些画都是画在哪里的呀?

生:花瓶、水缸等陶瓷器皿上。

师:今天这节水墨画课,我们也来学习在陶瓷上创作水墨画!(板书课题:陶瓷上的水墨画。)

图1

图2

图3

图4

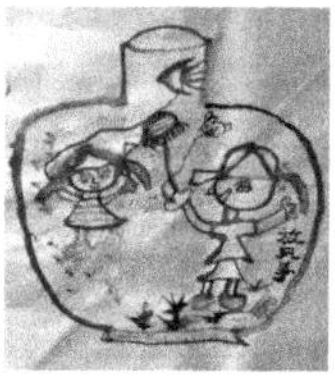

图5

(思考:在美术课堂中,建构问题情景,引导学生自主探究,可以深度激发学生思考和探究的欲望。使课堂充满思考及思维的碰撞。课伊始,展示本校同龄人的作品,以画为纽带,与远在千里之外的学生产生心理上的共鸣。教师或总结,或提炼,或生发,或升华,让学生在欣赏、观察、比较讨论的探究过程中了解水墨画的基本技法。在这个环节建构中,教师是"桥梁",连接着学生认知与传统水墨技法,使之形成一种无声的"对话"。)

二、技法探微

师:(出示图片。)小朋友们画的陶瓷器形各不相同,它们的区别在哪些部位呢?

生1:口,有的大,有的小。

生2:身体,有的圆,有的方。

生3:底部也有大小变化。

师:小朋友真会观察和思考!陶瓷器皿,不仅实用,而且型美,不少名人画家也经常以陶瓷为题作画,彰显了无限的生活雅趣。

1. 大师构型

师:(出示作品图7和图8。)这是著名画家朱屺瞻和吴昌硕的作品,两位画家用不同的风格画了陶瓷器，哪个是陶罐？哪个是瓷瓶？你是怎么看出来的？

师：朱屺瞻先生用老辣的线条画了一个粗犷的陶罐，浑厚有力。吴昌硕先生用细致流畅的线条画出了典雅清秀的花瓶。

2. 示范

师：你认为粗犷的陶罐要用什么样的墨色来画？

生：稍干枯些的线条。

师：看老师怎么用笔用墨的：毛笔先蘸水，然后在笔洗边上刮一刮，去掉一些水，蘸少量墨调一调，中锋起笔，转过来，也可以换成侧锋画，当毛笔上的水和墨越来越少的时候，纸上会自然地留出飞白。还可以蘸浓墨加上底。

师：清秀的瓷瓶可以用什么样的墨色？线条用什么笔锋画？

生：可以用稍湿淡些的线条表现。

师：老师也来画一下：毛笔调淡墨，舔笔，中锋下笔，运笔速度不能太快，控制好手腕的力量。

师小结：画水墨画我们要注意墨色的浓、淡、干、湿变化（板书：浓淡干湿。），这样才能体现出水墨的韵味。

3. 学生构型

师：想不想也来画个自己喜欢的器型？

生：想！

师：好！老师有四点要求。

出示要求：（PPT 出示要求。）

（1）想一想，你喜欢画什么风格的器型？

（2）根据参考图片，设计一个自己喜欢的器型。

（3）充分利用好这张纸，尽可能画大一些。

（4）独立完成：给你 3 分钟（PPT 展示音乐及各种器型图。）

4. 点评

浓淡干湿的墨色变化；中侧锋变化的用笔方法；造型独特的风格变化；简洁好看的兽耳装饰。

师：嗯，小朋友们真了不起！很快就能模仿大师的笔墨变化，再加上自己独特的想法。画出了风格各异的陶瓷器形。这是学习水墨最有效的方法！

（思考：技法和笔墨是水墨画学习绕不开的主题。水墨教学实施的目的是引导学生基于自我体验、自我理解的笔墨感知和表达。这种水墨教学方式与传统水墨教学最大的不同在于这是学生在体验真实事物的基础上进行的笔墨语言表达。）

图6

图7

图8

三、探究取法

师：器型画好了，用什么样的画来装饰它呢？

1. 介绍文化

师：舞蹈纹盆。其实啊，早在 5800 多年以前，我们的祖先就开始在陶器上画画了。(出示舞蹈纹盆。)古人在这只陶盆上画的是什么？

生 1：有人在跳舞。

生 2：有手拉手跳舞的人

师：我们的原始画家用非常简练的笔法画出了远古的生活场景，表达了先民欢畅的心情。它叫舞蹈纹盆。

师：梅瓶故事。(出示图 9。)这个宝贝口小颈短，也有 600 多年历史了，它叫“萧何月下追韩信梅瓶”，它是我们南京博物馆的镇馆之宝。“萧何月下追韩信”是非常有名的历史故事。韩信是智勇双全的军事家，本来投奔项羽，但是因为得不到重用，后来他又投奔了刘邦，一开始他的才智还是被埋没，有一天他又逃离了汉营，刘邦的丞相萧何知道以后连夜骑马狂追韩信，再三劝说，才让他回到了汉营，并要求刘邦拜他为大将军。结果韩信不负众望，帮助刘邦打败了项羽，平定了天下。

图9

师：你看(指着。)，把萧何画得多急迫啊！背景的布局也是疏密有致。

看来：小小的陶瓷之上，不但有欢乐的生活场景，还可以画生动有趣的故事呢！

2. 介绍寓意

师：你知道吗？陶瓷上的人物故事、花鸟鱼虫，往往还有着吉祥的寓意。你有没有听说过？介绍一下！

生1:蝙蝠代表福气。

生2:鱼是年年有余的意思。

生3:龙也是吉祥的。

师:小朋友了解的还真不少!蝙蝠飞来,象征福气临门;喜鹊与梅花代表喜上眉梢;松树与仙鹤——寓意松鹤延年。

师:谁知道柿子寓意什么?

生:事事如意。

师:鸡呢?(和吉谐音。)代表大吉大利。

师小结:是啊,人们总把各种美好的愿望画在陶瓷器皿上,希望给人生带来平安与幸福。

(思考:美术教学不可能都在学生的亲身经历中进行学习,所以创设情境显得尤为重要。同时,课堂也需要教师在复杂、广阔的文化情境中去梳理、整合和提炼,去选择最适合和需要学习、最能体现文化内涵的内容以唤起学生学习的热情。只有让学生进入更深层次的文化理解中,从内心去解读这些文化的意义,才能让学生与文化事物间建立交流,才能读懂文化。)

3. 老师寓意

师:周老师四年前第一次来到你们中山的小榄镇,才知道那是中国有名的"菊城",菊花自古以来,有"高洁、吉祥、长寿"等寓意。今天,老师再一次来到中山,就想用菊花来表达对大家的祝福。想看老师怎么设计我的菊花图吗?

生:想!

4. 示范画法

师:(边讲解边示范。)菊花有很多品种,周老师心中的菊花是这样的:

第一步,画花。笔尖蘸浓墨,可以点上几个墨点确定花心位置,然后对着花心,中锋两笔勾出一个花瓣。再从花心处往外面添加花瓣,运笔要灵动,注意轻重顿挫,花瓣不要画得太整齐,长长短短的才有自然的美感。墨色自然地由浓变到淡。

第二步,画叶。菊花的叶子像宽宽的手掌,可以用什么笔锋画?

生:侧锋。

画叶子时留在笔上的水分要多一些,笔尖蘸浓墨,笔根逐渐变淡,侧锋画叶子。注意叶子的大小变化,三四片形成一丛,不能太散。刚才的花画得很细致,而叶子可以用写意的方式来画,相对来说粗犷一些。

第三步,勾茎。还要中锋浓墨勾画茎。用干而浓的墨勾茎,用笔要顿挫有力,叶子里面的茎要沿着叶子的走向来画。墨色还太湿,有什么办法能让它快一点变干呢？

生：用擦笔纸按一下。

师：（出示成品。）画面有没有疏密变化？

生：有！

师：右边密，左边疏，这是一种疏密对比的美。

师：（出示不同风格的菊花图作品。）还有哪些对比？

生：浓淡对比！

师：画面上添画小鸟、蝴蝶，或者人物，形成了什么对比呢？

生：有的是动物，有的是植物。

师：也就是动静对比。

师小结：画面更生动，更有生活气息了。同样的题材，可以用各种不同的画法，既要有粗犷的表达，也要有细致的描绘。（指着画具体讲解。）

师小结：陶瓷上的画不仅仅让陶瓷变得更漂亮，还有人们对情感的表达和对美好生活的祝福。内容有花鸟、人物，也有风景，今天你想在你的陶瓷器皿上画些什么呢？把你的想法与同学交流一下。

（思考：很多画家把自己的情感与思想寄托在自己的书画作品中，通过美术教学，要让孩子们"描绘于物，寄托于情"。儿童绘画的过程就是一个"造境"的过程，表达自我感觉的过程，更是体验情感的过程。这种感觉需要学生通过笔墨来表达，学生如果没有对"意象"的深刻体验，就无法进行笔墨表现。时值金秋，当地最富文化特色的菊花盛开，因此，教师在学生充分体验"意象"的基础上，以学生喜闻乐见的菊花示范画法，结合对笔墨过程进行合理、明晰的解释，让学生知道要怎么画，才能把心中的"意象"很好地表达出来。）

四、表现创作

师：想好了吗？现在，老师把时间留给大家，画今天教的菊花，但是你的画面一定要表达自己最真实的情感。

五、作品展评

（1）展示：把学生作品以长卷册页的形式展示。

（2）交流：谁能结合你喜欢的作品谈谈自己的想法？可以是自己的也可以是同学的。

（3）师：今天，我们一起学习了陶瓷上的水墨画，你有什么收获？

师总结：同学们利用毛笔的特性，抓住景物的特征，运用浓淡干湿的墨色变化，完成了一幅陶瓷上的水墨画，小朋友们画得都很棒。只要你肯观察，美就在你的身边；只要你肯探索，水墨就会演绎出独特而精彩的风景。

【课后反思】

一、生活体验——从“推陈”到“出新”

为了丰富学生头脑中的形象，老师将各种陶瓷器形在大屏幕上展示，先让学生以游戏的形式进行对比，再以水墨的形式表达感受，要求小朋友用浓淡干湿不同的线条来勾线，谋求把枯燥的笔墨知识融于有趣的造型游戏中，使笔墨教学具有游戏般的形式与趣味，再以点、线、面的方式来装饰，可以随意地用毛笔蘸水，使水墨相溶，画出长短粗细不同的笔触，进而产生奇特的韵味，他们在无意之中画出了各种风格的陶瓷器皿。小朋友们边画边乐，在这样的活动里，水墨不再是画画，而变成了孩子们的游戏、一种随性创作的冲动。

二、重构过程——从“表象”到“深层”

“本土的文化就是民族的文化。”紫砂壶与阳羡茶，都是宜兴闻名海内外的本土特色。家家户户常见的生活小器物，反映的是宜兴人一种温润闲适的生活方式和素朴典雅的品质追求。而中山市小榄镇的菊文化特色也是学生喜闻乐见的，在本课教学中，巧妙地融合宜兴陶茶文化及中山的菊花文化组织活动，轻轻点击，学生便可自然进入自己亲近的生活场景，用水墨自由表达陶韵菊香。很多优秀的学生作品，都能表现出陶器的粗犷与瓷器的细腻，而上面装饰的水墨画，更是题材广泛，寓意吉祥。这些以陶瓷为题的画，笔墨气韵展示的不仅仅是普通的儿童水墨画，还有对物象的理解和情怀，这样的情感将伴随孩子们一生的成长。

三、文化浸润——从“单薄”到“积淀”

美术是一门综合性的学科，闪烁的馥郁的人文气息与社会有着密切的联系。儿童的内心如同一面镜子，生活是什么色彩，内心就映射什么色彩。在水墨课堂中，引导学生观察自己熟悉的事物，并挖掘生活中承载文化内涵的题材，通过一种真实的感知，在全身心的文化浸润中创作，学生的作品才会更加厚重丰富。为了拓宽学生的创作思路，课一开始便让广东的学生欣赏阳羡学生的作品，当然，这些作品都是有意挑选的具有宜兴家乡特色的，如竹海风光、制陶老人、学做紫砂壶等题材。目的就是让学生知道自己的家乡有哪些特色，可以作为创作题材来装饰自己设计的陶瓷器皿。这就是用水墨蕴涵的传统文化精神，融发活泼泼的心灵。事实证明，儿童水墨画与他们所处生活的文化背景紧密相关，俗雅美善在文化的有意与无意间悄然生成。

（周亚君）

《陶之美:彩陶花瓶》教学设计与反思

【教学内容】

《彩陶上的水墨画》一课是2012年无锡市小学水墨画特色教学研讨活动中的一堂示范课,学生为宜兴市阳羡小学二年级的小朋友,它属于水墨画"创作·表现"学习领域。目的是引导学生理解家乡宜兴陶都的历史,了解彩陶的历史文化和彩陶上花纹的吉祥寓意,学会用水墨画的方法来表现彩陶器皿及彩陶上的花纹。运用欣赏、练习、示范等方法,教会学生用水墨花鸟画来装饰彩陶。激发学生对彩陶文化的研究兴趣,增强学生对家乡陶文化的热爱,引导学生积极参与地方文化的传承和交流。

【课堂回放】

教学片段一:了解陶的历史

(出示陶器残片。)老师带来了一个神秘的宝贝,你猜,这是什么?

它是什么材料呢? 泥巴怎么变得那么坚硬了呀?

泥被火烧了以后就成了陶。(板书:陶。)

在它破碎之前会是一个什么样的宝贝呢?

(出示骆驼墩遗址图片。)它在这片土地下默默地沉睡了七千年。

再想象一下:是什么样的人,用一双灵巧的手创造了它?

再让我们闭上眼睛,用手摸摸它,有什么感觉?(不光滑,粗糙。)

再轻轻地敲击它,听听它的声音,有什么特点?

不清脆,不动人,但那么质朴、含蓄,像极了创造它们的人那朴素的身形,以及心底淡淡的希望。

(出示图片。)这里是宜兴地区的骆驼墩遗址,就在这里,挖出了七千年以前宜兴先民烧制的各种陶器,虽然有很多已经成了碎片。

我们的祖先做这些陶器用来干什么呢?(吃饭、存水、放食物……)

因为生活的需要,我们的祖先创造了陶器。

(思考:尹少淳先生提出:教学环节的关联性需要通过教师"发问"的"关联性"

来实现。因此问题的设计需要贴近学生的生活，建立在学生的认知范围之内，能够反映学生的兴趣导向，从而引发认知之外的深度思考。宜兴是中国陶文化的发源地之一，但是低年级小孩在这方面的了解并不多，所以在美术课堂上我们尊重儿童自我对象的观察与理解，激发他们对对象的思考与情感体验，在此基础上进行艺术理解与表达。）

教学片段二：理解彩陶

时光又走过了一千多年，祖先们的生活用品不再那么粗陋了，变得更美了，你看！（出示古代彩陶图片。）和宜兴先民创造的最早的陶器一样吗？哪里不一样？（有了花纹和颜色。）

远古的工匠先将一种特殊的颜料画在陶坯上，（出示实物。）再放在火里烧，即使在地下深埋了数千年，却依然光彩夺目，这就是彩陶。（板书：彩。）

上面画了什么？（动物。）它们为什么要画这些？猜想一下！

原始人靠捕鱼和打猎生存，他们画自己经常看到的东西。这些动物也许就是他们想要捕获的猎物。他们把自己美好的愿望画在彩陶上，希望渔猎丰收，每天都能吃得饱饱的。

（出示舞蹈纹盆。）这是画的什么？他们在什么样的情况下跳起了舞呢？（高兴、愉快，也可能是丰收以后。）

原始画家们不仅能捕捉住动物的形态特征，还能画出欢乐的生活场面。所以说彩陶是人类智慧和情感的结晶。

宜兴是中国陶文化的发源地，我们的丁山地区现在还存活着一座六百多岁的古龙窑，我们去看看它的风采。（播放宜兴古龙窑视频。）注意看仔细，宜兴彩陶有哪些形状？上面画了些什么？

（播放彩陶图片。）宜兴彩陶上的花纹和远古彩陶上的花纹又不一样了，画了些什么？（花草树鸟等。）有没有水墨画的韵味？

揭题：今天我们就用水墨来画一画我们家乡的彩陶！（完善课题：彩陶上的水墨画。）

（思考：图像是美术教学的第一语言，如果能透过图像的表层，帮助孩子看到更深、更广的内容，美术教学也将走得更高远，更贴近儿童。为了让学生充分感受家乡彩陶的造型特点，领略彩陶的艺术美感，我就从宜兴古龙窑这一文化遗存入手。通过图片欣赏，学生的自豪感油然而生，所以选择贴近学生生活实际的内容来深入学习，能充分激发学生的愿望与情趣。）

教学片段三：水墨画器形和双耳

1. 画器形

宜兴彩陶不仅画面内容丰富，还有千姿百态的造型。

（出示花瓶和罐子实物。）请一个小朋友上台把这里面的花瓶拿到另一边，谁来？

那几个不是花瓶，那你知道它们的用处吗？（放食品。）

人们称它们叫“罐子”或者“罐头”，如果再大一点，那就叫“缸”了，有酒缸、水缸，等等。

小结罐子的一般特点：口大，短颈，腹圆。

花瓶用来插花和装饰生活，所以它的造型典雅优美，给人以超凡脱俗的美感。

老师的心中也有一只造型优美的花瓶，我画给小朋友欣赏一下！（示范。）

你的心中有更美的造型吗？请你也来画一个给老师欣赏。

2. 添画双耳

（出示图片。）祖先的陶器上还有两个小耳朵，这是为什么呀？（出示图片。）古代的罐子上有好几个小耳朵，中间还是空心的，你知道它们是用来干什么的吗？（穿上绳子，方便提拿。）现代的花瓶上也有了耳朵，还戴上了耳环，是不是变得更好看啦？

图 1

图 2

图 3

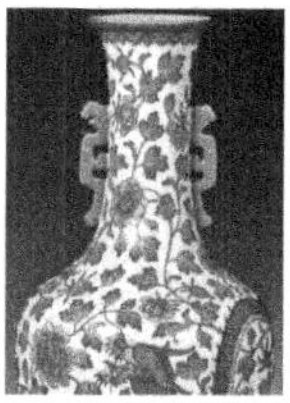
图 4

原来彩陶上的耳朵也是由最初生活的需要慢慢地变成了艺术品。（出示动物形状的耳瓶。）人们称这个叫“兽耳”。

（出示龙双耳瓶。）这个花瓶的耳朵是两条龙，和下面的这条龙比起来哪些地方发生了变化？（变得更简练了。）

虽然省去了很多细节，但是它抓住了龙头的特征，然后把身体部分简化或者变形夸张。

（示范。）老师也给我的彩陶上画两个耳朵，我就画和龙相配的凤凰耳朵吧。凤凰属于鸟类，应该抓住它的什么特征？（尖尖的嘴巴、椭圆形的头部。）加上翅膀，把尾巴进行大胆的夸张，变成更加简练的线条。

（出示学生作品。）大象最明显的特征是什么？（鼻子。）抓住它的大耳朵、长鼻子和尖尖的象牙就行了。

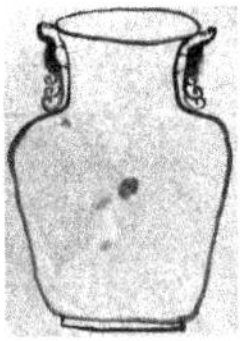
图5

图6

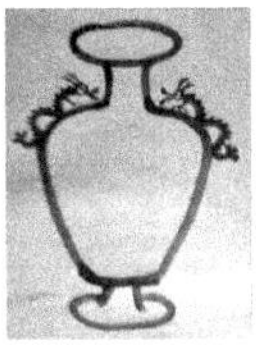
图7

图8

图9

还有哪些动物的头部具有明显的特征？（小兔的长耳朵、梅花鹿的角……）

（出示图片。）其实，花瓣、树叶、云朵、蝴蝶经过变形以后都可以成为彩陶的小耳朵。

（出示图片。）耳朵还可以装在不同的位置。有的在肩膀上，有的在颈脖子两边，还有的把嘴伸进了瓶口里面。

你画的彩陶需要什么样的耳朵呢？赶快用你灵巧的小手帮它装上去吧！

（思考：为了丰富学生头脑中彩陶器皿的形象，老师把花瓶和罐子的实物搬进课堂，先让学生以游戏的形式进行对比，再勾线画出造型各异的彩陶器形，中国画讲究线条，我要求小朋友用浓淡干湿不同的线条来勾线，谋求把枯燥的笔墨知识融于有趣的造型游戏中，使笔墨教学具有游戏般的形式与趣味，再以点、线、面的方式来装饰陶器的双耳，可以随意地用毛笔沾水使水墨相溶，画出长短粗细不同的笔触产生奇特的韵味，他们在无意之中画出了各种风格的彩陶。小朋友们边画边乐，在这样的活动里，水墨不再是画画，而变成了孩子们的游戏、一种随性创作的冲动。）

教学片段四：彩陶画上的吉祥寓意

我们的祖先把动物画到彩陶上希望渔猎丰收，丰收以后又画他们载歌载舞的场面，表达快乐的心情。我们宜兴的彩陶上画龙啊，喜鹊啊，鹤呀，有没有特殊的寓意呢？

龙代表吉祥；“喜鹊”里面有个“喜”字，当然是盼望有喜事发生啦；鹤是长寿的象征，几乎每一幅画都有着吉祥的寓意。

你还能说说其他代表吉祥的画吗？（鱼、寿桃、蝙蝠、龙凤、公鸡……）

无论花草虫鱼、飞禽走兽，都可以表达吉祥的寓意，这也是我们中华民族千百年来流传下来的习俗。彩陶上的画不仅有趣，还饱含着深情。接下来我们要在自己设计的陶器上彩绘花纹了。

（思考：杜威就儿童情感在学习活动中的表现有一句十分精彩的话：儿童情感

与所接触的事物零距离地接触，可以达到教师无法到达的教育之境。在水墨画教学中，当儿童对传统的理解产生新的感受时，这种感受越真切、越丰富，表现的自由度和丰富度也就越强烈。彩陶上的松鹤、石榴、龙凤、鸡等图案虽然随处可见，但是没有引导，他们并不曾感受到这些画透露出的美感与寓意，需要教师进行适当的“唤醒”，而本课不仅仅把重点放在如何用笔墨的形式表现上，而是让学生进入更深层次的文化理解中，从内心去解读文化的意义。）

（出示图片。）这几件彩陶上画的都是花鸟画，它们画在陶器的哪个部位？（醒目的地方。）你最喜欢哪一件？你想用什么样的笔墨方法来画？（勾线，用浓淡不同的墨块，点，染等。）

图 10

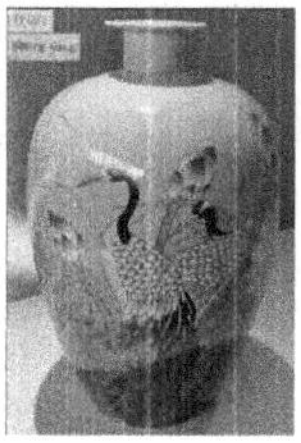
图 11

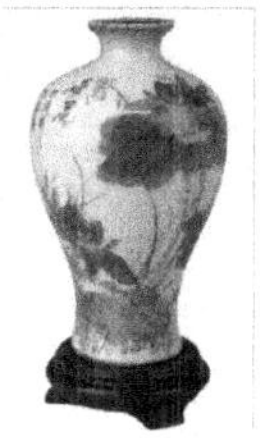
图 12

图 13

图 14

请两个小朋友示范画荷花和仙鹤，其他人注意看他们的笔墨方法。

大块的墨色属于大写意的手笔，适合画植物的叶子；而勾线的方法适合画鸟类的头部，和一些细致的部分。

（师点评添画。）一定要等墨色稍微干一点再用中锋浓墨勾叶脉，茎上面还可以点上一些点，让你的画面墨色浓淡相宜。

荷花出淤泥而不染，画在彩陶上象征主人追求高洁的品质。如果我想表达连年有余的愿望，应该添画点儿什么呢？如果添画两只鸳鸯，也是很受民间欢迎的“鸳鸯戏水”，象征和和美美。

用淡墨线条和点画仙鹤的羽毛，既简练又生动，很有韵味。（出示图片。）你看这幅画上的羽毛用了什么样的笔法？（示范。）先用浓墨枯笔擦，再用颜色点染，也能表现出鸟的神韵。

小结：所以同样的东西可以有多种不同的画法，但是一定要画出自己的想法和感受。

（边示范边讲解。）加上三角形的嘴巴，浓墨画一只眼睛，椭圆形的头部，这是鸟类的共同特征。画面的一角添画几个松针，那就有“松鹤延年”的吉祥寓意了。你会画了吗？

请选择一幅花、鸟画在自己设计的陶器上。根据你想表达的吉祥寓意添画背景。强调:你的笔墨一定要表达出自己的想法和感觉。

【教学反思】

宜兴是陶的古都,由于学生对家乡陶文化有一定的情感基础和生活经验。课伊始,出示神秘宝贝以让学生猜想的形式导入,调动学生的学习兴趣,了解宜兴悠久的制陶历史。接着,教师以一系列问题的提出,引发学生对陶器制作的思考,自然地引出了本课的课题。而多媒体的直观欣赏介绍,古人制作的器皿,更是巧妙地让学生欣赏了中国古老灿烂的陶瓷文化,让学生运用已有的生活经验来解决问题,进行有意识地比较,让学生站在历史的角度看待古代陶文化特有的生活气息和视觉效果。

课堂上,当老师利用多媒体创设情境,带着学生走进宜兴陶瓷博物馆时,学生对宜兴彩陶的美感特征的认识就更加清晰,同时感悟到了传统与现代完美结合的艺术魅力。花瓶和罐子实物的展示,通过师生之间的讨论、对比,更是巧妙地解决了本课学生在器形设计中容易出现的错误。教师示范画鸟类形状的双耳,则让学生的创作欲望进一步高涨,产生我想动手试一试的强烈欲望。

中国传统绘画的笔墨意韵体现了中国儒道的美学思想、人文精神。水墨画以水、墨为基础艺术,强调心灵与物象的感应,在水墨的黑白世界里,隐含着极其深厚的民俗文化和审美情趣。因此在儿童水墨画创作时,我要求小朋友在作品中融入自我精神,并用笔墨语言进行表现。在指导学生创作前,我让他们先欣赏具有吉祥寓意的画面,再把独特的民俗文化融进自己的画笔。

传统不应是一种模式,而是一种精神,一种能量。儿童水墨画的传统教学不外乎临摹、写生、创作三体合一,这是历代画家实践证明的一条行之有效的教学模式,传统的水墨画离不开思和兴、理和趣相结合的“度”,也就是在构思和营造画面上得法理、规矩与笔墨情趣。画家经常运用一些景物托物言志,表达高尚积极的品格。我们的儿童水墨又何尝不能以此为目标来进行启蒙教育?

(周亚君)

附学生课堂作品：

邵家晨

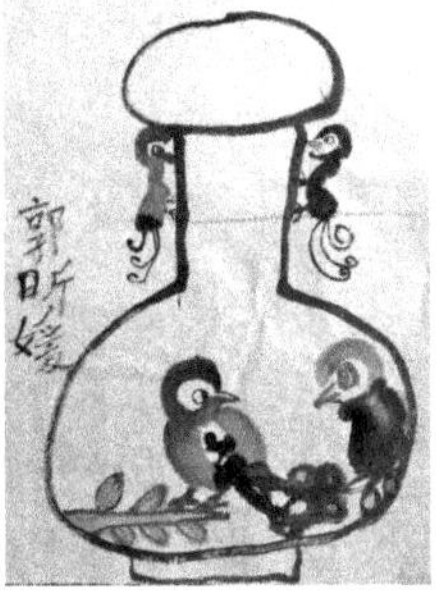

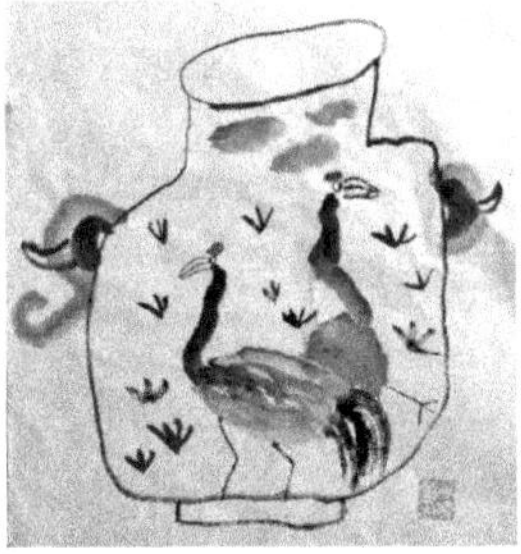

周奕轩
二(6)

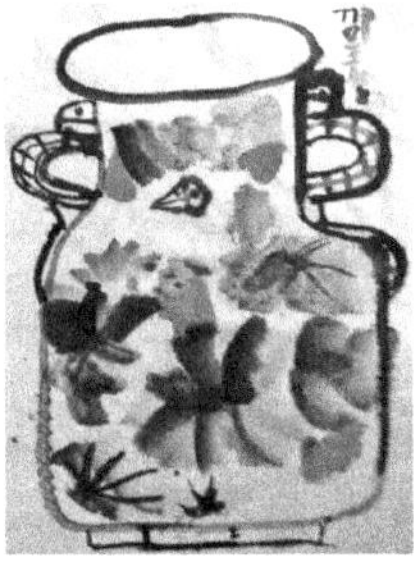

《水墨香：画家徐悲鸿》教学案例

【课前思考】

徐悲鸿是宜兴人民的骄傲，我们少儿国画院的小朋友都去参观过悲鸿纪念馆，课堂上来欣赏他的作品，了解他的人生，学习大师的艺术，那种由衷的自豪感定会产生更多的共鸣。于是，我选择了《大画家徐悲鸿》作为无锡市的示范课。接下来我又思考更深层次的问题：教师如何将学生的热情、欲望内化成为他们持久的情感？如何让课堂教学获得“最大收益”？为什么听很多特级教师的课，总会被他们蓬勃张扬的激情所感染？我想一方面源于他们丰富的知识、良好的修养，另一方面也取决于他们在课堂上注入了自己的情感。要上一堂公开课，在课堂上说的每一个字、每一句话都不能有一丝破绽。于是，我搜集了很多关于徐悲鸿的资料。逐渐地，脑海里出现了一位渴望替人类向上天申诉的画家，在国难当头的年代，以画笔为武器，画奔马、画雄狮、画风雨鸡鸣、画愚公移山来唤醒国民一致抗日的决心。他画马不仅仅是天下一绝，他笔下的马是有精神的，是和人一样有着喜怒哀乐的情绪的。

【课堂回放】

一、激趣导入

师：小画家好！老师今天要和你们一起走近一位大画家。（板书：大画家。）

（投影出示：他是宜兴人，6 岁从父亲学画，13 岁去外地卖画谋生，16 岁东渡日本，21 岁拜康有为为师，24 岁赴法国学习西洋画，54 岁任中央美术学院院长，58 岁突发脑出血病逝。）

师：他是谁？

就是“——徐悲鸿”（板书完整课题。）

徐悲鸿是宜兴人的骄傲，我们都去过徐悲鸿纪念馆，语文课上还学过徐悲鸿励志学画的课文，今天的客人老师都来自外地，先把你知道的这位大画家向他们介绍介绍，好吗？

二、欣赏示范

1．赏马

师：今天这节课，我们要共同探讨一下大画家是如何运用水墨画来表达自己的真情实感的，我们就先从他画的马开始。

请你先看徐悲鸿笔下的马都有哪些姿态？（奔马、立马、饮马等。）

从哪些不同的角度画？（有正面、侧面、背面。）

你发现没有，无论这些马是奔跑的还是站立的，都没有缰绳束缚，它们的鬃毛和尾巴都在飞扬，他这样画出来的马给你一种什么样的感觉呢？（看上去自由奔放，特别有动感。）

（出示奔马图）大画家是用什么样的方法来画的呢？（既有线条又有块面。）

线条有没有粗细变化？墨色有变化吗？

前后腿的画法有没有区别？

你再仔细看一下，马蹄画得是不是特别简单，但又很灵活。前后蹄子一样吗？

这种概括简练的画法是徐悲鸿花了很长时间的研究揣摩才独创出来的。虽然是一两笔简单带过，但是它有方向和角度的变化。

看老师来画一个马头，先勾线。（勾线的时候要注意手腕用力，有力透纸背的感觉；颈部的这条线要画得浓重，且有动感。然后调淡墨晕染一下。）

鬃毛是怎么画的？老师请一个小画家上来试一试！

（示范：侧锋枯笔擦出鬃毛，刚刚我们只说了浓淡的变化，这里还要注意墨色的干湿变化。）

你知道吗？我们的大画家画马就像画人一样，是有喜怒哀乐的！

（出示前进、哀鸣、奔马图。）比如这三幅马，从它们的动态看，你认为它们可能会是什么样的情绪？（第一幅是大踏步地奋勇向前，第二幅嘴巴张开在鸣叫，好像很忧郁，第三幅……）

师：这三幅画创作于不同的年代，第一幅是1938年，正是抗日战争最艰苦的时期，徐悲鸿以飞奔的野马来表达奋勇杀敌的决心。你看它张开四蹄，用力地往前冲，非常豪迈。第二幅创作于1941年，那一年徐悲鸿居新加坡，也就是那一年太平洋战争爆发，日本侵略军轰炸了新加坡。徐悲鸿心急如焚，为祖国的命运，也为受难的人民，他在茫茫南洋深情北望，他是忧郁的。这马其实就是谁的化身呢？（画家自己。）

第三幅马画于1951年，那时候新中国已经成立了，这马四蹄腾空，现实生活中马是不可能有这个本事的，这是徐悲鸿为了表达什么样的心情呢？（高兴、欢欣、手舞足蹈。)

在这个民族危难的时代，徐悲鸿的马是一种精神，也是画家自身品质的体现。

图1

图2

图3

图4

2. 欣赏其他作品

师：徐悲鸿一生用写意的方法画了上千幅的马。他除了画马，还画了很多其他动物，画面都充满了生机和力量。

(出示图 5《负伤的狮子》和图 6《风雨鸡鸣》。)这两幅画都创作于 1938 年，国难当头之时，他以画笔为武器。你来猜一下，狮子和雄鸡分别代表了什么？

战争年代，处处狂风暴雨，天空灰暗，这幅画告诉我们什么？

为什么要画一只鸡呢？(雄鸡一唱天下白，鸡，代表光明。)

画面中的狮子是什么样的姿态？(回首翘望。)

中国一直被称为东方的什么呀？(雄狮。)

当时被日本侵占了中国东北大部分国土的“雄狮”仿佛已经受伤了，虽然负伤，但是你看它的眼神，你认为它会怎么样？(准备拼搏、战斗。)

你想不想学着大画家来画画它怒视的眼神？哪个小画家上来试一试？老师觉得鸡的嘴巴要画好也不容易，我再请一名小画家上来画一个！

(示范：枯笔侧锋添画狮子的鬃毛。配上迎风飘舞的鬃毛，就更有力量了。)

师：我们的大画家不仅能够灵活运用笔墨来表达自己的心情，他还有一双发现美的眼睛。(出示图片。)我们再来欣赏几幅作品，挑选一幅你喜欢的作品来说说你的理解。

相互之间可以先讨论一下。

师：出示图 7《晨曲》：早晨了，这是冬天还是春天？(冬天，树枝像五线谱似的。)

小鸟就像五线谱上的什么呢？(音符。)叽叽喳喳地叫着，好像在演奏动听的音乐。只要注意观察，生活中总有美好的事物。

图5

图6

图7

（出示对比作品图8。）有一个小朋友是这样画的，你觉得美吗？哪里不美？（小鸟太分散了，没有疏密对比。）

（出示图片图9。）大画家还画过这样的树枝，哪些地方不一样？（树枝的姿态，从上面挂下来，用浓淡不同的墨色画粗的树干。）

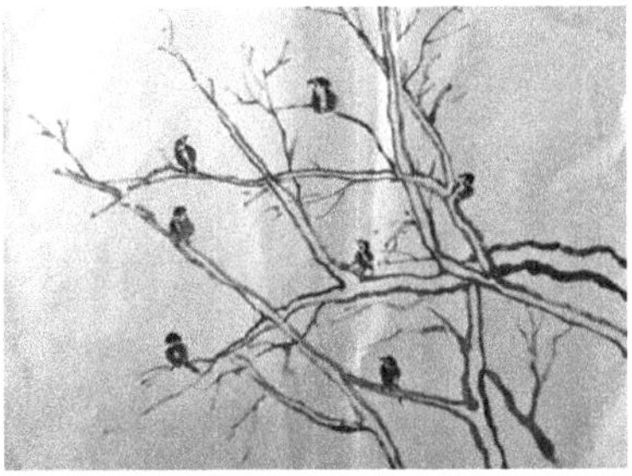

图8

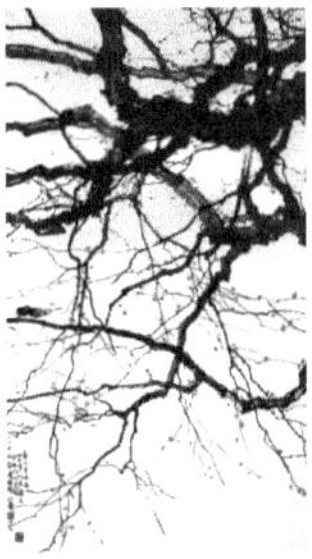

图9

图10

师：出示图10《漓江春雨》：美在哪里？（水墨淋漓。）大面积地运用湿墨来表现，你认为有哪些好处？（春雨绵绵，像烟雨江南。）哪些地方体现出了大画家用笔时候的节奏感？（高低起伏的山峰、树木、倒影。）

师：大自然真的好美！

师：出示图11《持剑钟馗》：大画家一生还画了很多钟馗，大胡子，瞪着眼睛。在这个画面上你看到了什么？（一个小鬼躲在钟馗的身后，胆战心惊的表情特别生动，另一个踩着木屐的小鬼已经望风而逃了，只留半个脚在画面中。）

哪个国家的人穿木屐啊？（日本。）预示着什么呢？（日本侵略者要被中国人打跑了。）

（出示图12和图13。）这两个人物的表现方法一样吗？（线条表现；先勾线再用墨色晕染。）

衣纹也是比较难画的，先看老师画一下。

（示范：线条的轻重提按变化体现衣纹的结构，染色的时候也要根据衣纹结构来用笔，注意墨色的浓淡。）

图 11

图 12

图 13

（出示图 11。）画家画钟馗打小鬼来表达自己美好的理想，这幅画叫《钟馗饮酒》，鬼在哪里呢？被捉住了吗？有没有被制服？

三、情感体验

师：不愧为阳小的小画家，你们说得很精彩，徐悲鸿画花鸟、山水、人物来表达他对生活，对自然，对祖国的热爱之情。他还有一幅画叫《逆风》，（出示图 14。）你能看出大画家要表现什么样的情感吗？

图 14

画了什么？（芦苇和小鸟。）

芦苇倒向一边，是狂风中的芦苇。老师告诉你大画家创作这幅画的背景。那是 1937 年，国民党主席蒋介石要求徐悲鸿为他画像，遭到了徐悲鸿的多次拒绝。从此以后，徐悲鸿经常遇到麻烦事。有一天，徐悲鸿准备去上课，忽然有个学生跑来说：老师，你今天不要去上课了。徐悲鸿问：为什么？那学生说：教室里贴满了反对您的标语，连地上都用粉笔写满了。徐悲鸿的脸变得铁青，但是，他依然走进了课堂。那天正好上国画课，他展开纸，像发狂一样，在纸上画满了狂风中的芦苇，再添画小鸟。

师：现在你看懂这幅画了吗？画家想要表达什么？（在逆境中迎难而上。）

是啊！大画家用粗犷雄健的笔法来画芦苇，用纤细挺拔的笔触画小鸟。一粗一细形成强烈的对比，其实，优秀的水墨画作品都要充分利用水墨的浓、淡、干、湿和疏密、节奏、韵律的变化才能达到完美的境界。

四、作品摹画

师:老师搜集了一些大画家的作品,现在请你翻开桌上的图片,挑选一幅你喜欢的作品,学着大画家的笔墨,体会着大画家的情感,也来画一幅,好吗?

五、展示评价

师:其实我不想去评价你们画得怎么样,但是我想:如果徐悲鸿看到了你们的作品,他可能会怎样鼓励你们呢?

六、全课总结

师述:为艺术而战,为祖国强大而战,也为美术教育而战——徐悲鸿。让我们重温画家的音容(出示自画像),回望历史,那样一个时代,一个伟大的画家,一代宗师,艺术长青,思想永恒!

【课后反思】

记得有位成功的老师说过:情感是课堂教学的灵魂和生命。积极的情感,能使学生精神振奋、思维活跃,也容易使他们形成新的联系而迸发智慧的火花。带着对徐悲鸿大师绘画的激情我走进课堂,喊"上课,小画家们好!"当学生第一次听到老师在课堂上称呼他们"小画家"时,一抹惊讶的微笑荡漾在脸上,不过,他们马上回应了我,齐声自信地喊"老师好"。"老师今天要和你们一起走近一位大画家……"接下来,我每展示一幅大画家的作品,小画家们都争抢着要用自己独特的眼光和语言来品评一番;每讲到一种绘画技法,小画家们也非常自信地要求上台演示,课堂气氛异常活跃。

(周亚君)

《水墨陶都：陶景》教学设计

【课前思考】

感受水墨独特的造型之美，让学生游戏水墨，感受水墨之趣，是水墨画教学的重要环节。水墨画教学如何基于文化和儿童的立场出发，汲取乡土文化“营养”，顺应儿童成长“天性”，以水墨为特色，挖掘乡土之“味”，营造水墨之“趣”，突破传统水墨画教学的“程式化”弊端，值得我们进行探讨。本课的重点是学习用水墨的方法表现陶茶文化，需要学生对陶茶文化有个大概的了解，在此基础上教师需要重点引导学生用怎样的笔墨表现宜兴特有的紫砂壶和阳羡茶及相关文化。

【意义建构】

求新思变——表现家乡风情，创特色。让“乡土味”浓一些。让学生“爱家乡、画家乡”，以家乡文化为主题，画出特色水墨，如陶文化、梁祝文化，竹文化等。力求紧扣阳羡陶茶文化，感受闲情逸趣，体验待客之道。我的教学思路是从猜谜入手，让学生了解家乡，了解家乡的特产、文化特色，产生强烈的自豪感、荣誉感，为进一步研究家乡、描绘家乡做准备。

【教学过程】

一、创设情境——了解阳羡，激发家乡自豪感

今天，老师要带你们到一个地方去参观一下，请你们猜猜这是哪？

它是陶的古都、茶的绿洲、洞的世界、竹的海洋，这是哪儿呀？

（图片出示，学生观察思考。）

——引入家乡宜兴。

对了，这就是我们美丽的家乡——宜兴。

我们的家乡真漂亮呀！宜兴还有许多美丽而响亮的名字，中外闻名。有谁知道吗？

——陶都。还有跟我们最最密切的名字——阳羡。

宜兴地处中国最具经济活力的长江三角洲，浩渺的太湖之滨，苏浙皖三省的交界处，沪宁杭三角的中心。陶都宜兴，古代称荆溪，秦朝置“阳羡县”，晋朝改设“义兴郡”，宋朝避太宗讳，更名“宜兴”，沿用至今。

（引入主题陶都阳羡。）

下面我们一起来看一个陶都阳羡的宣传片，再次带着自豪感领略一下我们美丽的家乡的风采。

（陶都欢迎你——说陶都——看陶都宣传片。）

图 1

图 2

图 3

图 4

（艺术的本源就是生活，生活是艺术的源泉，任何优秀的艺术作品如果脱离了生活就会变得空洞乏味，矫揉造作。利用生活中熟悉的事物，开发本土资源，激发学生的好奇心、求知欲，探究美术的奥妙，是我们美术教师当今的重要任务和职责。我所在的学校地处江南，山清水秀，人杰地灵，美誉“陶的古都”“教授之乡”“书画之乡”“梁祝故里”……文化底蕴深厚，这些都可以成为本土文化开发的资源。）

二、自主探究——探究阳羡紫砂及水墨文化

揭题：今天我们就来学习用水墨技法表现我们美丽的家乡——陶都阳羡。

板书——水墨 · 阳羡

你们知道吗？大文豪苏东坡都亲自设计过紫砂壶，他设计的紫砂壶有一个响亮的名字，是什么呢？（东坡提梁壶。）

同学们想不想做大文豪，也来设计一把漂亮的茶壶？

不过，你知道茶壶的基本构造吗？要设计紫砂壶就要了解紫砂壶。

『天子未尝阳羡茶，百草不敢先开花』。——唐诗人 卢仝

图 5

供春壶——紫砂壶

图 6

茶壶设计有什么基本要求吗？

了解紫砂壶——出示图 7——壶型。

（壶身—壶盖—壶嘴—壶把。）

（老师示范茶壶的设计方法。）

小小设计师们，开动脑筋吧，设计一把自己喜欢的独具个性的茶壶。

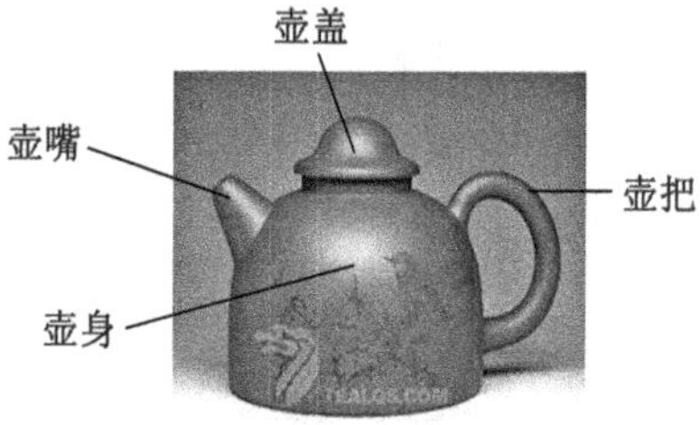

图 7

学画紫砂壶——初步尝试水墨画壶。灵活运用干湿笔墨自由设计茶壶。要求简洁大方。可以画大一些。

同学们设计得真好。最初设计制作出来的茶壶主要是用来泡茶的，以实用为主，是个实用器物，谈不上什么艺术。

文人的积极参与最终使得紫砂壶的品位价值上升到了艺术的高度。我们来看一段短片。温润如君子，丽娴如佳人，潇洒如少年，飘逸如仙子。

文人们在紫砂壶上题诗作画，大大提高了紫砂壶的文化内涵。在紫砂壶上写写画画成为一种文化时尚。使得小小的一把茶壶，涵盖了博大的中华文化，诗、书、画、印，巧妙融合，美不胜收。下面就让我们一起来领略一下水墨壶韵。

文人具有很高的文化修养，文人绘画讲“四格”——“逸、神、妙、能”，画壶也以四格为准。追求平淡天真的笔墨情韵，讲求意境，讲求含蓄，并不是所有的事物都可以入画。所以，梅兰竹菊成为文人们最喜欢的绘画主题。

（老师示范——在最初设计的紫砂壶上添画完成。）

你们想不想做一个文人，在自己设计的紫砂壶上添画，使它也成为一件艺术品呢？

图 8

图 9

文人们不仅喜欢在紫砂壶上题诗作画，还喜欢以壶茶文化为题创作诗书画作品。让我们来欣赏一下。

图片展示名人书画。

（阳羡山水如画，吸引了许多文人墨客，留下了许多名篇墨宝，使得阳羡墨香四溢，充满水墨的韵味。阳羡的山山水水让文人墨客流连忘返，阳羡的壶茶文化更是深入人心。茶圣陆羽称阳羡茶为“芳香冠世产”，唐代诗人卢仝诗云“天子未尝阳羡茶，百草不敢先开花”，大文豪苏东坡与阳羡更是有很深的情缘。在阳羡的许多地方，都留下了深深的足迹与印痕，如东坡书院、东坡买田处、东坡提梁壶，等等。其实，阳羡本身就充满水墨韵味。）

三、尝试创作——自由表现，做个小小艺术家

其实我们也可以在我们的画上进行再创作，使我们设计的紫砂壶艺术品成为文人水墨画的一部分。

看得出同学们都跃跃欲试了，让我们动起手来吧！

指导学生在自己的作品上添画水墨画，要求自由有创意，可以题上自己创作的小诗或一句话，还可以画上印章，使它真正成为一幅作品。

四、拓展评析——建设美好新家园

学生作品展示评析。

作为一个阳羡人，真让人羡慕呀！让我们认真学习，健康成长，把我们的家园建设得更漂亮。

今天，作为一个阳羡人，我们不仅设计了紫砂壶，画了紫砂壶，还创作了一幅水墨画，自豪吗？开心吗？

拓展延伸——学做紫砂壶。

（在初步了解家乡文化的基础上，引导学生深入了解宜兴的壶茶文化，了解其艺术特色和文化特色，并进行初步尝试实践，体验水墨的情趣。进一步深入了解阳羡壶茶文化，了解中国文人画，水墨人物画的特色和表现方法，尝试用水墨技法自由表现阳羡水墨文化。）

【教后感想】

一是感受“阳羡茶”与待客之道。课堂初始，我让学生介绍宜兴还有哪些古称？（陶都、阳羡、荆溪、义兴。）跟我们最最密切的名字是哪一个？（板书：阳羡。）对啊，秦汉时宜兴称“阳羡”，我们的学校因古称“阳羡”而冠名。

二是感悟“紫砂壶”与文化之美。教师接着问学生：谁知道最好的沏茶器具什么吗？对，就是我们宜兴的紫砂茶壶。（拿出实物。）谁会介绍紫砂茶壶？（一学生介绍：用紫砂壶泡茶，盛茶不走味、贮茶不变色、盛夏不易馊。紫砂壶、阳羡茶，加上水质上乘的金沙泉泡茶，已成“江南饮茶三绝”。）文人们在紫砂壶上题诗作画，大大提高了紫砂壶的文化内涵。使得小小的一把茶壶，涵盖了博大的中华文化，诗、书、画、印，巧妙融合，美不胜收。

三是体验“画茶壶”的意趣之乐。古代文人具有追求平淡天真的笔墨情韵，喜欢雅集、会友、品茗、斗茶等文化活动，更喜欢在紫砂壶上写写画画，别有一番意趣之美。同学们，你能在茶壶上画出自己喜欢的事物吗？谁来说说，你想画什么主题，想表达自己什么想法？由于学生身边有很多有相关的陶茶文化资源可以参考，学生兴趣盎然地投入水墨创作中，享受着自由描绘家乡文化的水墨意趣。

立足于“乡土文化”和儿童立场的水墨教学，学生收获的不仅是技法的提升，更是一次文化的滋养，对于学生的“自我吸纳”与“自我绽放”是非常有意义的。

（蒋　峰）

《竹海叠翠:竹韵》教学设计

【课前思考】

感受水墨独特的造型之美,让学生游戏水墨,感受水墨之趣,是水墨画教学的重要环节。水墨画教学如何基于文化和儿童的立场出发,汲取乡土文化"营养",顺应儿童成长"天性",以水墨为特色,挖掘乡土之"味",营造水墨之"趣",突破传统水墨画教学的"程式化"弊端,值得我们进行探讨。以竹为例,宜兴有"竹海",以此为教学主题,让学生欣赏了各种竹子的图片,说说竹的形态、结构、作用、品种等特点,深入地引导学生来感悟竹子挺拔有气节的精神。这样不仅能让学生体会笔墨的韵味,而且能让学生领略到艺术的人文精神,从而培养学生更加热爱自然、热爱民族艺术的情感。本课的重点是学习用水墨的方法表现宜兴独有的竹文化,需要学生对竹文化有个大概的了解,在此基础上,教师需要重点引导学生用怎样的笔墨表现"宜兴竹文化"。

【意义建构】

中国画创作时常常在作品中融入自我精神,并用技法笔墨语言进行表现。画家经常运用一些景物托物言志,表达高尚、积极向上的风格品格。竹挺直坚硬、生机勃勃、虚心有气节的特点,表达了竹顽强、倔强、挺拔向上的精神;让学生了解艺术作品与自然的关系,感受主观情感和客观自然景物相互交融而成就的艺术境界。本课需要学生掌握水墨的各种表现手法,要让学生学会用各种水墨笔墨技巧来表现竹。基于学生对笔墨宣纸有了一阶段的体验,我这节课的重点在于笔墨的情感,以及画面的节奏。让学生在看看—议议—说说—画画的过程中,体验笔墨的情感,感受画面的节奏,从而完成本课的任务。

【教学过程】

一、激趣导入——我骄傲,我是阳羡人

猜一猜:

猜地名:猜猜这是哪?去过吗?

宜兴竹海、龙池山自行车公园、龙背山森林公园、玉女山庄宜园、善卷洞……

我们宜兴真是个令人羡慕的地方呀！

由善卷洞引入人物故事传说。善卷洞—碧鲜庵—祝英台读书处—梁祝传说。宜兴还有哪些人物呢？

猜人物：猜猜这是谁？和我们有什么关系？

历史名人传说故事：

范蠡与西施、梁山伯与祝英台、供春、苏东坡……

你知道阳羡第一人物是谁吗？周处。

宜兴人物真是大腕云集呀！

宜兴这么美，你会用哪个词来形容与赞美她？

美丽、灿烂、魅力、富饶……

作为宜兴人，作为阳羡人，我们应该感到骄傲。今天这节课，我们继续学习用水墨描绘我们文化灿烂的阳羡。

导入揭题：水墨·阳羡——宜兴骄傲。

（从猜一猜环节入手，猜家乡地名、人物、文化，激发学生的家乡自豪感，为后面的表现打好基础。猜地名：猜猜这是哪？去过吗？宜兴竹海、龙池山自行车公园、龙背山森林公园、玉女山庄宜园、善卷洞……图片背景中蕴含着本课主题——竹。我们宜兴真是个令人羡慕的地方呀！）

二、自主探究——探究阳羡文化及水墨技法

说到水墨画，宜兴可以说是全国闻名。宜兴是有名的书画之乡，出了许多全国甚至全世界有名的大画家。今天，我们就从宜兴的画坛巨匠入手，展开美丽的阳羡风情长卷。——探究一下我们可以画什么？怎么画？

1. 画坛巨匠

徐悲鸿，1895—1953，江苏宜兴屺亭桥人。中国现代美术事业的奠基者，杰出的画家和美术教育家。

图片出示：徐悲鸿像，代表作品，画家笔下的徐悲鸿。

吴冠中，1919—2010，江苏宜兴人，当代著名画家、油画家、美术教育家。油画代表作有《长江三峡》《北国风光》《小鸟天堂》《黄山松》《鲁迅的故乡》等。个人文集有《吴冠中谈艺集》《吴冠中散文选》《美丑缘》等十余种。

图片出示：吴冠中像，代表作品，画家笔下的吴冠中。

钱松喦，1899—1985，江苏宜兴杨巷人。我国著名国画家，江苏省国画院名誉院长。

图片出示：钱松喦，代表作品。

图1

图2

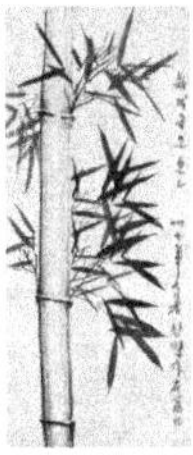
图3

图4

还有许多画家也画了许多关于宜兴的作品，我们一起来看一下画家笔下的宜兴。

图片出示：徐悲鸿父亲的作品，学校导师作品，名家作品。

图5

图6

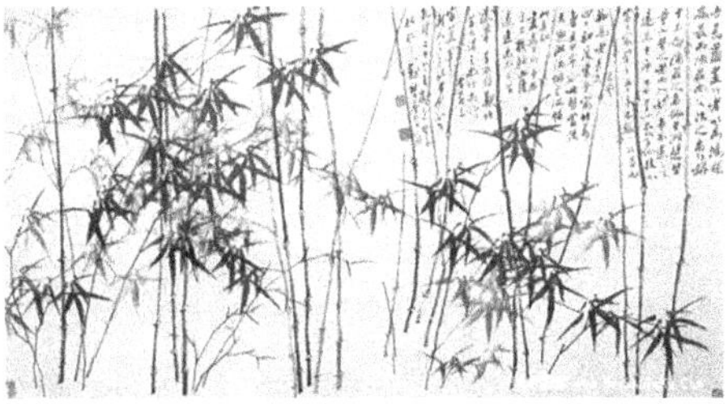
图7

2. 自主探究

今天，我们就要学习从一个点入手画出自己心目中的灿烂阳羡，用你的一颗童心展现家乡的灿烂。

下面看老师是怎样从一个点入手创作的，以竹为例。

创作技法探究——同一内容的不同表现方法。——探究应该怎么画？

简介竹子：四君子之一。

（1）选材、构思、构图、选择表现技法；

（2）笔墨、粗细、浓淡、干湿、疏密；

（3）教师示范一二，图片出示一二。

（4）竹笋、风竹、竹下品茶、壶竹图、竹林。

小结：楼塔、壶、洞、茶、人物、风光皆可入画。

大处着眼，小处着手。

（让“乡土味”浓一些，鼓励学生以家乡“画坛巨匠”为研究主题，自主探究家乡文化及水墨画技法。从而画出“家乡美、本土美”的水墨特色作品，如陶文化、梁祝文化，竹文化等。）

三、创作实践——自由表现，做个小小艺术家

同学们都跃跃欲试了，下面，就让我们开动起来吧！画一幅属于你的宜兴骄傲，连接成一幅阳羡风情长卷，展现给大家。

指导学生作业，要求自由有创意，可以题上自己创作的小诗或一句话，还可以画上印章，使它真正成为一幅作品。

四、拓展评析——建设美好新家园

学生作品展示：连成长卷，评析，可修改调整。

小结：我骄傲，我是阳羡人。

（从这些作品中，学生了解了家乡的画坛巨匠，也在不知不觉中对他们作品的特色，他们是如何表现自己的家园的，他们作品中的水墨画技法有了一定的认识，为下面进一步探究竹子的画法打下了基础。）

【教后感想】

从“乡土文化”中寻找“水墨韵味”。

儿童学习国画除了技法学习，更重要的是在学习技法的过程中能够吸纳传统文化精髓。我们知道，每个人都是于本土文化中成长起来的，都会对自己所处的文化有着切身体验或感受。并且，本土文化也会对其生活习惯、思维方式、精神观念等有潜移默化的影响。

水墨教学中，我注重让课堂的“乡土味”浓一些，鼓励学生以家乡文化为主题，画出“家乡美”的水墨特色，如陶文化、梁祝文化，竹文化等。《水墨·阳羡——竹韵》一课，我在教学时紧扣阳羡竹文化文化主题，说竹、赏竹、议竹、画竹，通过三个层次的教学切入，让学生充分感受待客之道、感悟文化之美、体验意趣之乐。

（蒋　峰）

《荷塘氿风：古桥》教学实践与思考

【课前思考】

一、对于家乡的古桥，学生已了解了哪些相关知识？

《古桥》是阳羡水墨校本教材第一册第24课的教学内容。宜兴是典型的江南水乡，小桥流水门前过，白墙黑瓦连成行，几乎每个乡镇都有古桥的身影，其中百年以上的古桥有百座，以石拱桥为多，如鲸塘桥、画溪桥、张泽桥、施荡桥等。宜兴的古桥有一个特点，就是在桥拱圈上还有一方“桥铭”，如扶风桥铭上就刻着捐银人“状元及第周延儒助银”等字样；有的古桥还刻有对联词章呢。这些关于古桥的历史知识，可作为课前预习，让学生课前去寻访、查找并收集它们的图片和建造来历等信息。

二、如何用丰富的笔墨表现出古桥的不同造型特征和古朴优美的意境？

画桥要整体布局，选择喜欢的角度，抓住古桥的特点，除了画出桥形，还要把桥石的肌理纹路和周围景物表现清楚。因此，自然浓淡墨结合中锋勾勒外形，擦染桥石肌理，浓墨破淡墨等水墨画表现技法就要在欣赏感知、观察比较、直观示范、引导尝试等环节中逐个解决和突破。

【课堂回放】

一、说一说古桥故事

1. 视听欣赏

师：我们家乡陶都，是个山清水秀的江南水乡，这里青山迤逦、竹海环抱、茶洲飘香，让我们沉浸在画卷里的温厚底色中，一起去氿边河畔感受一下居民们当下生活的静好岁月。

（播放家乡风景欣赏短片。）

师：迷人的江南河多、桥多，有些桥还具有悠久的历史呢，对于家乡的古桥你都知道哪些关于它的知识和故事。

学生交流后在全班介绍。

2. 揭示课题

(通过视听介绍让学生感受家乡风景之美,学生交流,使大家感受到从古至今古桥和一代又代人们的故事和它的重要作用,激发他们热爱家乡的情感。)

二、赏一赏古桥风景

师:家乡的古桥历史悠久,还有各种样式,谁能根据它的外形结构猜猜它是属于哪种类型的桥呢?

图 1　大浦桥

图 2　鲸塘桥

生:大浦桥(图 1)是一座拱桥,因为它下面有一个半圆形的拱门,既可以让水流过,又可以让船穿过。

师:是的,大浦桥位于大浦老街北端,它建于明朝,到清朝时期修过两次,可以从它桥拱内的修桥碑铭看出,是江苏省文物保护单位。拱桥由拱圈、桥面、楔石、拱脚等组成,形式优美,结构坚固,除了单拱桥还有多拱石桥。鲸塘桥(图 2)就是三拱石桥,建于明嘉靖年间,用天然石料作为主要建筑材料,有着悠久的历史,跨水架桥,意境之美,雕琢装饰,千姿百态。

师:石板桥,又称"梁式桥""梁板式石桥",这是明代的一座单孔石梁桥,垒石为桥墩,上架石板,并以条石为栏,可负巨重。古代没有混凝土没有钢筋,他们是如何切割石头铺成桥面的,用的是什么样的工艺?

(学生思考后回答。)

师:古代全是手工切割,首先选石材较好的山,想办法把山上的石头分开,然后用錾子敲掉多余的部分直到毛石变成方石或者块状,如需更精细就用扁錾把纹理找平,就成石板了。同学们,在没有现代自动化设备的情况下,古人造一座石板桥你们觉得怎样呀?

生:太不容易了,他们要花好大力气呢。

生:古代人全靠手工来堆砌,真是了不起,真聪明。

师:是呀,石板桥是古代劳动人民辛勤努力的结晶。

三、学一学古桥画法

1. 发现视角美

2. 探究技法美

教师示范：桥的外形结构可以怎么画呢？看老师来选择一座桥用水墨的方法来画一画。

师：画的时候可以将笔腹吸满水，笔尖蘸浓墨，从桥身开始，拉几根线条概括出外形。继续像这样，用自然浓淡的墨线勾勒拱圈和基石；加上两侧的桥墩和桥栏等。

师：古桥桥身的石块年代很久远了，你想用什么方法来表现？

示范：为了画出这种古朴感觉，可以用这样断断续续的线画出虚实的感觉，还可以把毛笔侧过来轻轻地擦一擦。

师：别的角度怎样表现呢？

出示三张桥的不同画法的图片：

(1) 拱桥的侧面，用自然浓淡的墨线勾勒出；

(2) 平板桥侧面，以中等墨色和稍淡墨色的块面直接侧锋渲染排列出一层层薄厚不一的石块；

(3) 还有一张是拱桥的半侧面图，可以看到一些桥面和桥洞顶，画法是结合了不同墨色的勾线和擦染相结合。让学生通过观察比较得出图的不同之处。

小练笔：大屏幕出示几座造型不同的桥的照片。

师：这里有几座古桥的照片，请你选择自己喜欢的角度把它们画下来。

图3

图4

图5

图6

（结合教师示范、范作欣赏，引导学生一步步地观察、思考和探究不同古桥的画法，并在设疑、质疑、示范、尝试的过程中掌握中锋、侧锋运笔的方法，对墨色变化的把握。由整体到局部再到组合的递进式教学方式，很好地解决了本课的重点和难点。）

3. 品味意境美

让我们向大师学习，品位高雅。

图 7

图 8

宜兴也有一位爱画江南水乡的大画家，他就是吴冠中，看他的水乡作品是怎样来组合桥和房子的呢？你从哪些地方能感受到一种意境的美？

学生欣赏后交流。

我们小朋友的作品也很精彩。

图 9

图 10

图 11

图 12

师：这座桥是怎么画的？

生：用浓淡有变化的线条画出。

师：这幅画和前面的有什么不同？

生：角度不同，添加了小船，鸭子和桥下钓鱼人。

图 13

（在观察分析桥的结构和用不同笔墨来表现后，比较大画家吴冠中的画面构图安排，在比较中解决本课的又一重点，通过对学生作品的欣赏，进一步了解桥的不同表现方式。）

四、添一添古桥背景

1. 说一说

师：江南被称为鱼米之乡，河道密集，以前水上交通比较方便，所以人们都喜欢临河而居。看着老师画的古桥，你认为还可以加上些什么内容使画面更完整呢？先讨论一下，再告诉大家。

2. 添一添

师：画桥的方法也可以用来表现房子，谁上台来试一试？

（刚才看到学生们对几种不同的画法都能说出来，再想到他们也有一定的水墨画的表现基础，本想在这一环节由老师快速示范，临时决定请一名学生上台来试一试，结果当我把希望的目光投向他们时，接收到的却是一个个目光闪躲、低头侧脸、畏畏缩缩生怕因没人举手而被老师点到的信号。当时我有点懵了：怎么办？随便点个试试吧。“章瑞，你平时上课最起劲了，今天怎么没自信了，不用怕，老师相信你行的。”只感觉教室里从来没有这般安静过，大家的目光都投向同一处，而原本不想上来露一手的章瑞犹犹豫豫地离开凳子往前走来。当然在我的引导下，他还是顺利地用勾线法完成了上台的演示。）

小结：像这样加上桥边的民居和树木，桥上来来往往的人们，桥下的渔船和鸭子，画面就更吸引人了，还要记得在画面适当的位置落款哦。

3. 学生创作

作业要求：

（1）用水墨画的方法画一画家乡的古桥，适当添加上树木和人们的生活场景。

（2）灵活运用中锋、侧锋等笔法结合浓、淡、枯、湿的墨色来表现。

（学生在讨论中思考画面的背景内容，欣赏学生作品，更契合他们的想法，在优美的背景音乐和滚动画面背景中，学生思维开阔，心情放松，可以很好地投入到水墨画的创作热情中,体验笔墨之趣味。)

五、品一品,古桥韵味

1. 作品展示和评价

你最喜欢哪幅作品?为什么?老师很喜欢这一幅,是谁画的,请你介绍一下。教师点评。

(到了最后作业展示评价环节了:我拉开事先准备好的折叠长卷,把作业贴在上面,然后由两名同学和老师帮忙在教师讲台前拉开展示,由于作业速度的差异,孩子们这时有的急着要画完,有的在贴,有的在惊叹这样的展示场面有点大,这一环节热闹中有些慌乱,以至于在评价时我都忘记提示孩子们要抓住本课重难点来欣赏,只是象征性地介绍一下,鼓励一番便草草收场。)

2. 拓展总结

这样的长卷是不是很有气势?课后我们也可以几个同学合作画一画。老师从你们的画面中看到了一份浓浓的水墨味儿和家乡味儿,仿佛置身于江南水乡的画卷之中,家乡的古桥,留下了一代代人的成长足迹,让我们永远都记住它,保护它!

(将学生的作业连成长卷展示,使学生感受到浓厚的水墨文化味,多样化评价增强了学生的信心,指出了今后的提高空间。最后教师倡导学生从保护环境的方面来表达对家乡的热爱,起到了升华课堂的效果。)

【课后反思】

课后,我再忆起这堂课的几个场景还记忆犹深,当时的这个临时起意是不是错了呢,如果学生僵着就不愿意上台演示怎么办,如果上台了不敢下笔怎么办,如果上来画得很糟糕又如何解决?展示评价时要注意些什么才会做到有序又有效呢?有时"错"的东西还真是"对"的开始。说得专业一点,就是"失败是成功之母"!反思起来让我感触颇深。

1. 我是否过多关注自己的想法而忽视了学生呢?

在课堂教学过程中,我老是在思索下一个环节是什么?该如何衔接?以至于在孩子的回答评价、理解不够充分的情况下,教学过程匆匆忙忙。其实,课堂的主体是学生,而孩子不懂,不敢投入参与,就是教师没有站在学生的角度去很好地考虑他们的观察和理解能力,课堂中应时刻关注学生的心理需求,这对完成教学进度与计划是至关重要的。

2. 教学流程是否需要面面俱到呢?

我在教学中遇到过这样的情形,几个环节基本是平行的问题,如:看了这段视频你有什么感受?欣赏完这些图片,你有什么想说的?我们从画家吴冠中的画里了解到了什么？等等。我想，课上需不需要引导学生进行思维的碰撞、情感的共鸣、深度的剖析？答案肯定是需要的。但如何合理地进行问题的引导，少提问，多思索呢？这种情况下，教师对于问题的把握十分重要。无的放矢的讲话和提问将会导致重点涣散、学生思维分散，根据学生上课时的问题进行引导并加以变通才是较好的设计。

3. 作业的评价就只需要优点轰炸、无的放矢呢？

再谈谈作业评价，这是美术课必不可少的环节，常用的手段有展示欣赏、自评互评、教师评价等。这些评价方法都不错，最怕的就是教师心中没数，你好我好大家好。我这节课的评价就有这样的问题，虽然最后的作业效果还是不错的，但没有对部分学生今后作业的提高指明方向，缺少明确的评价标准。

至此，我似乎有了些那种求索后的释然与欣然，所幸，教育路漫漫，吾终将求索！

（毛俊艳）

山水画中游　笔墨得感受

——《宜人山居：山水》教学实践与思考

【课前思考】

一、在零基础的班级中如何开展水墨画教学？

水墨山水画一般是在小学高年级段安排的水墨画系列教学内容，是在经历了水墨游戏、水墨画鸟、水墨画动物、水墨画花和树、水墨改画等表现内容之后才开始涉及的课程，本节课我将尝试借班上课，学生没有任何水墨画基础，怎样才能顺利开展这一教学内容？我的设想是在课前安排一次水墨游戏课作为铺垫，让学生玩转笔墨：在游戏中学会蘸墨、调墨；认识中锋、侧锋，掌握勾线、渲染；体会枯湿浓淡。有了这样的课前预热，相信学生会喜欢水墨表现，敢于落笔勾画。

二、怎样才能在有限的时间内让孩子们敢画乐画，又能出效果？

一堂课四十分钟，美术课要在前二十分钟内就完成主要教学任务，留给学生充分的作业表现时间。从导入到教会学生用变化丰富的线条勾勒山石、树木、房屋、小坡……还要学会皴、擦、点、染来丰富画面，合理安排构图，欣赏优秀作品。这么多的内容，如何能紧凑又不留痕迹地把它们环环相扣，围绕目标，突出重点，解决难点呢？在前期的备课、磨课中，我意识到创设一个引人入画的教学情境，可能会更吸引学生。而如何入画，入怎样的画面，这就要求教师有扎实的基本功了，于是设计当场示范的画面，组织语言，自然引入，边画边引导等，在多次的练习后大概就能做到心中有底了。

【课堂回放】

一、初步感知，了解笔墨

1. 笔墨游戏

师：同学们，你们是不是难得用毛笔画画？今天我们就来试一试好吗？看老师先在这张宣纸上画着玩玩。

教师边示范边解说：笔杆竖直，笔头吸饱水，稍稍掭尖，笔尖蘸浓墨到空格里调一调，提起笔尖，像这样随意拉根线条走呀走，绕呀绕，弯一弯，围成一个大块面，还有小块面，看，墨的颜色还有浓有淡呢，好玩吧，像什么呢？……小石块裸露在外面，上面没长植物，那么我就在它身上擦几下，大石块上凹凸不平，可以多拉几条线表示，还能这样把笔倒下来侧锋擦。很好玩吧，你也试着拉根线条玩玩吧。给你一分钟时间哦！

（学生尝试小练笔。）师生从线条灵活、墨色有浓淡等方面简单评价。

2. 揭示课题

刚才我们画的山石是水墨山水画中的主体，也是我们今天这节课要学习的内容。（板书课题：水墨山水画。）

（水墨游戏，激发兴趣：为了拉近学生和水墨画的距离，我一上来就直观地演示了拉根线条去散步的游戏，让学生目睹了在自由的墨线弯弯绕绕后简单的石块造型就出来了，在石块里面勾勾点点，擦擦玩玩，石头就立体了，学生不仅一下子就感觉到了轻松和有趣，也自然融入了本课山石画法中勾、皴、擦这三个技法的运用，小练笔的画面也自然灵活。）

二、引导赏析，探究笔墨

1. 欣赏自然风光

师：清代著名山水画家石涛曾说："搜尽奇峰打草稿"。看来要画好山水画，我们还得先到大自然中去观察。这是哪里？

图 1

图 2

生：桂林。

师：桂林山水甲天下，画家用青绿山水画了漓江胜景，不愧是天下第一奇山，这幅黄山云海多有气势呀。

师：三峡风光，画中的游轮在大山大河中都变小了。

师：霞光下的太湖烟波袅袅，画中的泊船、芦苇、水纹的搭配那么和谐。

图3

图4

图5

图6

图7

图8

师：我们宜兴的山水也吸引了无数文人墨客，宋代大诗人苏东坡多次来宜兴，写下了“买田阳羡吾将老，从初只为溪山好”这样的诗句，可见苏东坡都想定居宜兴呢。让我们这就去看看家乡的美景吧！这是哪里？

生：龙池山。

师：这个季节去龙池山登高望远，可以欣赏五彩的树叶。这里呢？

生：善卷洞。

师：随手一拍，都是一幅幅迷人的风景，看着家乡的山山水水，你能用一个词语来赞美一下吗？

生：美不胜收。

生：山清水秀。

2. 探究山石画法

师：是的，这么宜居的环境，大家当然喜欢到这里来玩呀。

来到这里先要去爬山，看，这里有座山，当然这座山还可以长到这里来，刚才画了石头，现在画到大山了。我们画山水画，有山有水有景，从哪儿上山呢，得画条路上去，有点危险呢，添上护栏，爬累了，可以在半山腰或山顶的亭子里休息，看看风景。如果想到对面的山上欣赏美景，该怎么办呢？造座桥就方便多了。

这里是高山，我们住的地方会在哪里呢？在下面平一点的小坡上，离水比较近，生活就方便了呀。平坡上有树，下面粗，上面细，慢慢分叉，画两棵，树叶可以点点，从浓点到淡，有疏有密；旁边树上的叶子可以用圈圈来表示。还有小树看不出，就点几个小长点。

有山有水的地方我们要造房子了，造这样的房子，有窗有门，造那么两三间在这里。

图 9

下面的空白就是水了，水里有什么呢？可以画两只鸭或者画条小船都可以。

刚才老师主要用勾的方法画了这些风景的轮廓，用皴的方法皴出山石的肌理、结构；又用枯笔侧锋擦的方法，擦出体积，有厚度；为了使画面更完整更有氛围，还可以怎样处理画面呢？

生：涂颜色。

师：水墨画中的涂色又叫染，湿笔渲染浓淡，可以增加氛围；一般高山上部表示有植物可以浓墨渲染，平坡可以淡墨染，还有远处的山峰也以湿笔渲染。最后笔尖蘸上浓墨来点，在山石顶部点苔，增加点线节奏。

（创设情境，直观示范：在示范环节，我创设了一个来家乡旅游的情境，和学生在谈话聊天的轻松氛围中，演示了高山、小路、凉亭、平坡、树木、人家等景物的画法，聊到哪，画到哪，根据学生的想法随心而作，随形添加，在不知不觉中完成本课

图 10

的教学重点，这种不露教学痕迹的教学看来学生更容易接受。)

3. 走近大师，学习经典

师：让我们走近大师，感悟清代画家石涛，我们又可以称他“苦瓜和尚”，他的这幅画中哪些景物画得比较详细？

生：近处的树和山石。

师：相比之下房子和水面就画得简单多了。

师：这位是我们宜兴山水画家吴冠中，他的作品很有特点，画面什么地方画得紧密些？哪里空白多一些？

图 11

图 12

生：上面的房子像是小村庄，比较多；下面的石头上空白多一些。

师：看这张画中，你发现它在墨色和造型上有什么特点？

生：墨色有浓有淡，近处的几棵树造型变化很夸张，树干特别粗，树枝很细。

师：对呀，你有一双善于发现的眼睛。

师：我们再看画家陈子庄的山水小品，从中你能找到自由灵活的线条来吗？

生：我觉得他画的树枝和大石头上的线很灵活，很轻松。

4. 学习同伴，分析构思

师：再来看，小画家的作品也不逊色。仔细看这张画中勾的轮廓线有什么特点？

生：有粗有细、有深有浅。

师：这幅画中山石的结构和肌理用的什么方法？皴擦得怎样？

生：这几块山石身上的墨色渲染得有浓有淡有枯有湿，变化丰富。

图 13

师：对，增加了水墨画氛围。再看，近大远小、近浓远淡对比和画面的留白给人一种幽远的意境美。

图 14

图 15

图 16

图 17

5. 说说自己的作画构思

（欣赏自然，走近经典：画山水画自然是要欣赏自然美景的，我们宜兴，真的是城在山中，水在城中，人在山水园林中。本课在安排了欣赏祖国大好河山后，自然进入家乡山水的赏析，引导学生发现身边的风景，感受家乡的美好，在陶冶心灵的同时很好地渗透德育教学，完成情感教育目标。在访问艺术家环节，我安排欣赏三位大师的作品，从学古人到家乡名人，引导学生感悟经典作品，提升审美眼光。并有意识地结合本课的重难点来引导观察、分析、交流，为学生作业时做到自由勾勒、大胆皴擦、有意点染打下基础，使其心中有数。）

三、实践体验，笔情墨趣

1. 布置作业要求

2. 学生作业

3. 教师点评

教师在课堂巡视辅导中适时点评：

师：老师要表扬这位同学，他的胆子真大，想到什么就开始画起来了。

这位同学的线条很灵活，圈圈、绕绕、擦擦、染染都学会了。

你的墨色有浓有淡，水墨韵味十足。

四、评价提高，拓展延伸

1. 展示学生作业

你喜欢哪一幅，为什么？

谁来介绍一下自己的画？

图 18

图 19

图 20

老师很喜欢这幅画，知道为什么吗？他的画面墨色丰富，他的远近有虚实对比，他的山石造型很特别，他的画面有浓浓的水墨味……

2. 拓展延伸

欣赏茶壶和茶杯上的山水画，感受美术与生活的密切关系。

师：你们第一次画水墨山水画就表现得这么棒，毛老师要送你们一个大大的赞。大家都知道我们宜兴是陶都，陶艺大师们也会在他们制作的茶壶茶杯上刻上山水画来装饰，是不是更有欣赏和实用价值了呢？以后你也可以试着在做的小手工上画山水画来装饰一番。

【课后反思】

本课教学力求体现以下三点基本理念。

1. 根据学生情况，准确定位

因这节“水墨山水画”是在其他学校借班上课，学生毫无基础，在上课之前，我有必要花大概半节课的时间引导学生进行笔墨的游戏尝试，从执笔姿势到吸水调墨，以及中锋、侧锋、湿笔、枯笔的运用，为学生后面顺利上好课做个简单的铺垫，对于本课的教学内容我尽量化简，以水墨游戏的方式引导学生在看看、说说、练练等过程中直观感知，探究笔墨的运用，山石的表现步骤，画面的构图构思，意境的渲染表现等。

2. 创设游玩情境，精心设计

要想让学生大胆自由地用笔，首先老师一定要能游刃有余地示范引导。我想既然孩子们没有基础，就让他们玩一玩笔墨，创设一个游山玩水的教学情境。化繁为简，和他们看看山川美景、说说山居环境、进入画面中去领着他们一路走一路画，不为学画而画，只为赏景而入画。

曾听其他老师说起美术老师——最羡慕你们可以在后半节课“轻松自在”。也难怪，有时我们老师在课堂巡视时真有无所事事之感。我觉得，美术教师也可以在课堂中活得精彩，完全可以摆脱置身事外的角色。于是，我把自己的角色也置身于课堂之中，从“讲解员”“导游”调整为“看景人”“参与者”。

3. 结合笔墨示范，直观引导

自己平时山水画也练得不多，为了能在学生面前做到“游刃有余”，我课前勤练笔：高山、小石、房屋、树木、小船、鸭子、远山……勾、皴、擦、点、染。不同的景物搭配不同的用笔，所幸在课堂中自己能把范画的内容边画边解说下来。经过两次试教后，我的“讲解员”“导游”“游客”的角色已经“入画”了，孩子们也收获了他们人生中的第一次“画中游”！

（毛俊艳）

独特·丰富·偶然

——《宜人山居：水墨小鸟》教学案例与反思

【课前思考】

一、如何在宽松愉悦的氛围中感知鸟的特征和水墨画的特点？

喜欢鸟儿是孩子们的天性，用画笔来表现是他们津津乐道的事情，尝试用水墨的方法来表现，更会给孩子们带来新奇的感觉。水墨画鸟具有一定的特殊性，既要抓住鸟的特征，又要体现水墨画特有的韵味。在教学过程中注重学生的原创性和自我表达，在游戏和审美欣赏中感知水墨画的特点，在体验中感受水墨的韵味，让他们的思绪在宽松的环境和愉悦的心情中得到舒展。

二、如何引导学生用丰富的笔墨表现自己喜欢的鸟？

如何用丰富的水墨语言表现出鸟儿的形体、动态和神气，有一定的难度和挑战性。画水墨鸟儿，可以充分发挥水墨浓淡干湿的特点，引导学生学习用浓淡不同的点、线、面及破墨法来表现自己喜欢的鸟，感受水墨画的魅力，浓淡之间挥洒出一片生动活泼的世界。通过赏析名家作品和优秀学生作品为切入点，感受笔墨干湿、水分的控制及用笔用墨的方法，以抓住鸟体特征为重点，突出水墨画的"神韵""似与不似"。

【课堂回放】

一、生态宜居山水美

赏美景，听鸟语，学鸟姿。

1. 视听感受

上课伊始，给孩子们播放一段宜南山区树林和氿边清晨风光的视频，让大家通过视听感受家乡的山色葱郁，水光潋滟。

教师：听，谁的声音这么动听？

学生：是鸟叫声。

2. 观察模仿

教师：哦，这么宜人的风景引得鸟儿都在歌唱、赞美。让我们来近距离看一看，仔细听听!

近距离观察鸟的不同形态特征,鼓励学生模仿一下鸟儿的叫声和飞翔、休息时的动作。

(教室里一下子就热闹起来了,各种拎高了嗓门的鸟叫声伴着高低错落、仰头拍翅的体态让孩子们兴奋极了,此时他们对于鸟的兴趣自然是浓厚的。)

二、形体变化动态美

重示范,明结构,变形态。

1. 交流介绍

教师:大家这么喜欢鸟儿,你们对鸟儿都有哪些了解呢?

(学生根据课前搜集的有关鸟的资料进行交流。)

生:鸟的种类很多,分布很广,全世界都有。

生:有些鸟喜欢生活在水边,吃鱼虾和其他水生物,它们的嘴巴长长的,腿也长;吃谷类的鸟儿的嘴就短。

生:有的鸟到了冬天就飞到南方去,来年春天再飞回来;它们的身体像椭圆形;尾巴也有长有短……

师:看来,大家的课前准备还是比较充分的,对鸟儿的生活习性、身体形态有了初步的了解。老师准备变个魔术来奖励你们。

2. 魔术激趣

教师当场示范用点、线、面来画一只鸟:

图 1

师:这是一个……?

生:墨点。

师:在墨点外面画几条线,像什么啦?

生:眼睛和嘴巴。

继续变,教师示范用大小和墨色不同的块面刷出身体、翅膀和尾巴。

师:看,像什么了?

生:一只鸟儿。

师:这只鸟身上和翅膀上还有斑纹呢,先用吸水纸把墨块上的水分稍稍吸一吸,笔肚子里的水分也吸一吸,蘸浓墨,在鸟儿用淡墨染的背上点几个墨点,这样的方法叫浓破淡。现在的小鸟和之前相比你觉得怎样呢?

生:比刚才更可爱了。

看了老师刚才的魔术表演,发现水墨画的鸟儿别有一番神韵,今天我们就来学习水墨画鸟。(板书课题:水墨画鸟。)

师:老师刚才变鸟儿魔术用到了哪三件法宝?它们分别是用在鸟身体的哪个部位?

生:墨点画眼睛,线条画头部,块面画身体、翅膀和尾巴。

3. 探究形态

出示另一只没有画嘴巴和眼睛的水墨鸟儿。

师:同样是侧面的鸟儿,老师想让它们一只回头看,一只朝前看,有什么好办法呢?

生:“我知道我知道,只要把鸟的嘴巴和眼睛画上去就看出来了。”宗昊同学快速反应过来了。

师:“那我来试一试吧,果然如此,那鸟儿看天空和低头找食物的样子你们能动脑筋画出来吗?”

生:“会了,只要把嘴往上画或往下画就行。”

(教师利用点、线、面以游戏的形式变出鸟儿的形象,让学生探究发现可以通过改变眼睛和嘴巴的方向来表现鸟儿头部的动态变化,让学生直观感受水墨画鸟的可爱之处,激发学生的学习兴趣。)

4. 尝试练笔

小练笔:你们也来试着用水墨画的方法利用点、线、面来变出一只自己喜欢的鸟儿吧。

(学生尝试作业。)

5. 简单评点

师:为什么我们画得不如人意,一起来找找原因吧。

请你再想一想,你觉得这些特征用怎样的笔墨表现最合适?

水墨画工具材料如此神奇,富于变化,到底该用什么样的笔墨来表现呢?

（在学生了解鸟的形态结构后，鼓励他们用笔墨大胆尝试画，在练笔作业中发现存在的笔墨问题，让学生思考笔墨如何为造型服务，从而自然引入到下一个探究的环节。）

三、笔墨丰富意境美

学经典、找方法、善发现。

1. 学学大师

大师笔下的水墨鸟儿又是怎样的？他们是如何用变化的笔墨来表现的？让我们一起来找找其中的奥秘。（重点分析两组水墨画鸟作品，看大师是怎样画的？）

图2

图3

师：大师陈子庄画的鸟是什么姿态？画中的鸟儿又是按照怎样的步骤，用什么样的笔墨表现出来的呢？

（学生回答。）

师：这两幅作品的画法有什么区别？

生：一张是以线条为主，另一张是以一块一块的墨色为主，就在眼睛、嘴巴、爪子的地方勾线了。（板书：勾线、点染。）

播放勾线法和点染法画鸟的示范录像，让学生快速、清晰又直观地看懂不同的画法。

小结：陈子庄笔下的鸟儿既有勾画法也可以用直接点染的方法。为何鸟的腹部是淡墨？

师：不同的墨色是为了显示出各部分的形态。

师：你能找到画中的浓墨破淡墨吗？找到了告诉同桌。

师：再来看这位大师的水墨画，小鸟是哪种姿态，用什么方法画的？给你什么感觉？

生：这幅画中一只小鸟安安静静地停在石头上休息。

师：鸟和石头在画面的哪个位置？

生：都在画面下方，感觉缩在那里，很孤单。

图4

图5

师：哦，你从中感受到了孤独，的确，他是明太祖朱元璋的后代，号八大山人，明亡后削发为僧，朱耷一生坎坷，他画花鸟画中的鸟儿很有特点，看，鸟的头和身体缩成一团，和我们平时见到的鸟儿是不是很不一样啊？用的笔墨很少，画面空白很多。

小结：因为大师抓住了鸟的特征，注意了笔墨的表现力，画出了形体、姿态和神气。

（板书：形体、姿态、神气。）

（大师水墨鸟儿的经典之作让学生开阔了眼界，感受了水墨画强大而独特的表现力。两组重点作品的分析都落实到用笔用墨的方法上，通过对比分析让学生知道可以用不同的笔墨方法来表现，进一步打开学生创作水墨画鸟的思路，帮助学生更好地比观察分析。）

2. 学学同龄人

欣赏一组学生的优秀作品，引导学生看鸟的姿态、笔墨表现及如何添加背景。

图6

图7

图8

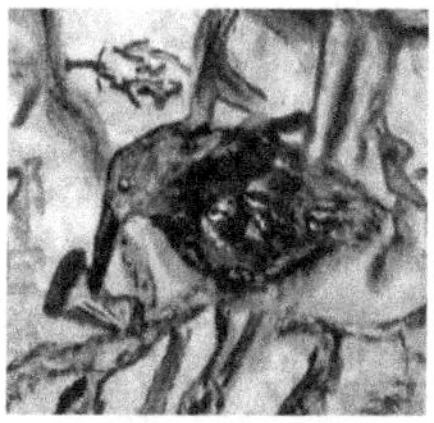

图9

说说自己的创作意图。

师：你们心中的鸟儿会是怎样的外形、姿态和神情呢？难道也和八大山人画的那样孤单、失落吗?

生:不是的,不一样,我要画鸟妈妈和小鸟在树下吃食。

生:我想画两只鸟在树枝上抬头唱歌……

四、体验创作、表现美

出示几张以前学过的向日葵、树枝、芭蕉叶、荷塘等的范作,引导学生在这样的背景下,合理安排鸟儿的位置。

(1) 水墨画表现你喜爱的鸟。

(2) 可以临摹或改画大师画的鸟,也可以自己创作。

教师提醒学生调墨:渲染时要调出自然浓淡的墨色。

用笔:鸟背上的羽毛要根据从上往下长的方向和紧靠身体的翅膀位置来点。

(给学生充足的时间表现自己最喜爱的鸟,播放优秀学生作品和大师作品,给学生必要的参考,背景音乐既可作为时间的提示,又营造了良好的课堂氛围。)

五、赏评拓展回味美

1. 出示评价提示

形态美画出了鸟的形体、姿态特征和神气。

笔墨美运用点、线、面及破墨的技法画出了鸟的特点,有浓淡干湿的变化。

师:这里是鸟儿乐园,看看谁画的鸟最可爱,最独特!你最喜爱哪一只鸟,它哪里吸引你?

教师从鸟的姿态、墨色等方面点评学生作品。

2. 总结和拓展

今天我们用水墨的方法画出了自己喜爱的小鸟。它们是人类的朋友,我们应该如何对待它们?今后我们还将会学习用水墨的方法来表现其他动物,感兴趣的同学课后可以多查阅一些相关的资料,来帮助我们更好地学习水墨画。

(水墨画的展评真的就像一个小画展,给学生一个展示的舞台,激励了学生学习水墨的热情。点评作业,强调抓住特征,充分体现笔、墨、水在宣纸上的表现力,自评、互评帮助学生提高对水墨画的欣赏能力;也进一步培养了学生对中国传统文化的热爱,帮助学生形成正确的审美观,培养学生保护鸟类的意识。)

【课后反思】

1. 水分和墨色的掌握以及破墨法的应用与鸟的形象相结合

让学生欣赏大师水墨作品,感受大师简练的用笔和精妙的墨色,感受水墨特有的韵味。展示优秀的学生水墨作品,传达了中国画独特的表现手法的传神写意,将水墨画艺术全面展示给学生。在提高学生观察力、审美力和表现力的同时，体会中国水墨画与其他绘画形式的区别，培养学生学习中国水墨画的兴趣和热爱祖国民族文化的情感。

2. 通过水墨表现自由，释放儿童内心情感

玩，是孩子的天性，在玩线、玩墨中把握墨色规律，发散思维。重视学生毛笔体验，表现点、线、面的感受，体会宣纸的特殊效果和丰富的肌理，玩味墨色的干、湿、浓、淡变化。伴着老师和伙伴们欣赏的眼光、鼓励的评价和建设性的建议中，我们的《小鸟》一课收获满满，也加深了孩子们对鸟的了解与喜爱，更懂得了要保护鸟儿，保护家乡良好的生态环境。

（毛俊艳）

《陶之美：狮子》教学设计

【课前思考】

本课的重点是学习用水墨的方法表现带有狮子图案的均陶器皿，需要学生对宜兴的均陶器皿有个大概的了解，了解均陶的材质，均陶与紫砂瓷器相比要更为粗犷一些；了解均陶器皿上的图案，这些图案基本都是用同材质不同颜色进行的堆花技法所作而成，比较大气；了解图案的内容，花鸟草虫人物都有，重点表现吉祥幸福安康的寓意。如此，需要用实物展示的方法，学生通过观察、触摸体会均陶的粗犷美。教师需要重点引导学生体会该用怎样的笔墨表现均陶器皿以及器皿上的狮子图案。

意义建构：

本课需要学生掌握水墨的各种表现手法。要让学生学会用各种水墨机理来表现物体的细腻、粗犷、柔和、坚强等。怎样引导学生学会使用笔墨技法，用有感情的笔墨表现狮子、表现均陶器皿，是这课要解决的重点。基于学生对笔墨宣纸有了一阶段的体验，我这课把重点设置在笔墨的情感以及画面的节奏上。让学生在看看—摸摸—听听—画画的过程中，体验笔墨的情感，感受画面的节奏，从而完成本课的任务。

【课堂回放】

一、创设情境，初步感知

师：（每个桌子上放一个均陶器皿。）老师今天带了一些瓶瓶罐罐，请同学们先观察你桌子上的器皿是什么名称，上面有什么花纹。

生：笔筒，上面有一条龙。

生：水罐上面是花鸟。

图1

图2

图3

图4

图5

图6

图7

图8

生:笔洗,笔洗的口子上有几条盘龙。

生:花瓶,上面有仙鹤牡丹。

生:水缸上面是狮子图案………

师:请同学们伸出手摸一摸你桌子上的器皿,有什么感觉。

(拿起一个瓷器笔洗摸一摸。)师:哇好光滑呀……

生:我的笔筒,比较粗糙。

生:我摸的水缸,上面的花纹是凸起的。

生:我的花瓶没花纹的地方很光滑,龙身上的鳞片比较粗糙。

师:同学们摸得很仔细,这就是我们宜兴的均陶。

了解家乡文化,培养学生热爱家乡的情感。介绍:五朵金花——均陶。

师:刚刚同学们看到的、摸过的笔洗呀、水罐呀就是我们宜兴很出名的五朵金花之一的均陶。宜兴均陶是指宜兴均山一带生产的带釉陶器,它历史悠久,品种丰富,以其特有的"红若胭脂,青若葱翠,紫若墨黑"的均陶釉色和全手工"堆花"工艺著称于世。宜兴均陶在明清时期被皇家使用。

二、浅尝笔墨,画画均陶

先请学生动手,把自己桌子上的均陶外形画出来,再点评作业。

师:有的用细线条,比较清新,有的用粗线条,比较粗犷厚重。用笔都以中锋为主,很棒。

看老师用粗细不同的线条表现均陶的外形。

总结:用粗细不同的线条表现,有变化,有节奏,有韵律美。

学生再尝试,哪里用细线比较好,哪里用粗重线比较有力度。

再点评作业,重点突出用线条表现均陶的节奏美。

三、再试水墨,画画狮子

(1) 欣赏均陶上的图案,先请同学们观察,而后老师总结。

师:一般都是以花鸟草虫,人物猛兽等为内容,表现喜庆吉祥,人民安居乐业的画面。其中典型的代表动物就是狮子。狮子勇猛大气,可以破除一切邪恶。

(2) 了解狮子。

师：请一位同学来介绍你认识的狮子。

生：(略)

欣赏各种狮子(成年狮子、小狮子，母狮、雄师)，用PPT放映，请学生选择最有特色的狮子——雄狮。

(3) 说说雄狮的形态特点。

头上多毛，尾部有一戳尾毛，身体结实，尾巴长而有力，爪子肥厚，四肢结实有力。

(4) 欣赏雄狮的气度。

欣赏的目的：通过欣赏了解狮子的各种形态，为造型打基础(艺术来源于生活)。

(5) 学生自由画狮子(学生一般只会用勾线的方式表现狮子)。

(6) 点评学生作业。

欣赏徐悲鸿的名作：雄狮图，体会画家画雄狮的意境。(作者所处的年代正是国家被外国列强欺负的时候，画家所画雄狮昂首挺胸，一声长啸，预示中国乃苏醒的雄狮，必将震惊世界。)

(7) 简单介绍徐悲鸿。

师：宜兴人，伟大的教育家、画家。把西方绘画融入中国美术教育。家喻户晓的作品有奔马图、雄鸡图、雄狮图等。

体会名家怎么用水墨来表现狮子，了解名人徐悲鸿，培养学生家乡自豪感。

(8) 从局部入手，抓住雄狮的特点，比较名家所画狮子跟学生画的狮子，练习用什么样的笔墨线条能够表现出狮子的雄壮。出示徐悲鸿作品狮子图。

图9

图10

图11

图12

师：雄狮头部的毛发，我们同学是用什么方法表现的，画家是用什么方法来表现的?

生：我们同学画狮子头部的毛发时，基本都是用直线条，而徐悲鸿的狮子图，头部的毛感觉在风中飞扬。

师:讲的非常好,这种飞扬的毛发是怎么画出来的呢,看老师画。

(9) 介绍三种画毛发的方法,边示范边讲解。

老师示范:中锋用笔单线条勾勒狮子的头部轮廓以及嘴巴、眼睛部分,接着用毛笔蘸水,再饱蘸浓墨,直接中锋、侧锋并用,使劲按住毛笔,直达笔根,按狮子毛发的方向大胆涂擦,形成一种飞扬的气势。

师:用干的浓墨擦出狮子毛发的动态气势,然后用淡墨二遍晕画,有气势又有厚度。

师:有时候雄狮也会很温和,我们可以用湿墨涂抹,浓墨画线的方法来表现。

老师示范,用湿墨涂抹雄狮头部周围的一圈,然后吸掉一些水分,用浓墨中锋画里面的毛发,这种方法湿润有韵味,也值得借鉴。

(10) 学生练习。

老师示范完成雄狮的身体部位。

(11) 老师总结。

浓墨中锋勾线,重而有力,适合勾勒狮子的头部五官以及爪子。

学习破墨:浓墨皴擦后感觉比较糙,将干未干时用少许淡墨侧锋皴擦。这样表现干而不燥,同时有一种厚重感,特别适合表现狮子头部的毛发。

(12) 通过学习,有目的地掌握笔墨技法。

老师示范中锋用笔勾画狮子的身体。毛笔饱蘸浓墨,一按到底,画出狮子的身体、大腿、爪子等重要部位,抓住狮子的动感。

(13) 总结。

师:看老师画的狮子,哪里墨最浓最多,哪里是空白的?

生:头部的毛发毛最多,身体除了勾线其他地方都是空白。

师:再观察狮子的尾巴,老师也用了重墨。这样重一轻一重,形成了一个节奏,变得非常优美。所以我们画画的时候也要注意,重墨边上用点空白或者淡墨,线条边上用点块面。这样形成一定的节奏,画面就变得好看了。

(14) 学生完成水墨狮子。

四、运用水墨,完成狮子均陶图

学生作业,自由创作,运用学到的水墨知识,画出一幅带有狮子图案的均陶图,可以是狮子笔洗,可以是狮子水缸,或者狮子花瓶,等等。注意线条墨色的轻重节奏变化。

【课后反思】

本课借助狮子均陶这个看似简单的形象，运用创设情境—浅尝笔墨—再试水墨—运用水墨这四个环节，训练学生对水墨的掌握，通过反复示范和练习，体会水墨的干湿浓淡，学习水墨节奏情感的表达。这课的设计是在学生有了一定的水墨基础之后进行的，学生已经对水墨有了一定的体验，通过本课的进一步深化，学生在水墨表现的时候又会有新的理解。水墨画课一定要多示范多练习，不怕画坏，画坏了换纸，培养学生大胆、执着、坚持的好品质。学生的潜力是无穷的，每一个孩子都是一个小画家，只要给他们舞台，给他们鼓劲，他们都能创作出好作品。中国的孩子，也许是耳濡目染，也许是天性，在水墨画上有着特有的潜质，给他们机会，你会发现，他们都是水墨大师。

（吴　娟）

《陶之美：花瓶》教学设计

【教学内容】

《水墨·阳羡》水墨画校本教材第一册第2课。

【课前思考】

本课的重点是学习用水墨的方法表现带有小猫图案的青瓷花瓶。宜兴陶瓷中的紫砂陶、均陶、青瓷、精陶、彩陶并称“五朵金花”。本课需要学生对宜兴为什么是享誉中外的“中国陶都”有一定了解，知道宜兴是一座因陶而兴，因陶而名的城市。宜兴青瓷盛于唐代，宋代以后中断失传，1961年恢复生产，欧美称之为东方的“蓝宝石”。宜兴青瓷以瓷质细腻、线条明快流畅、造型端庄浑朴、色泽纯洁而斑斓著名。青瓷比较细腻，造型多样，花瓶上的图案花鸟人物都有。

【意义建构】

本课要求学生掌握中锋、侧锋等各种水墨技法，让学生学会用水墨的方法表现花瓶，本课重点在于怎样引导学生用水墨画法表现小猫。基于学生接触过一段时间的水墨，具备了一定的水墨造型能力，我把这课的重点放在体现笔墨情趣上。引导学生体会水墨画与其他绘画形式的区别，培养学生学习水墨画的兴趣以及对家乡的热爱和自豪感。

【教学过程】

一、创设情境，初步感知

PPT展示：各种青瓷花瓶

图1

图2

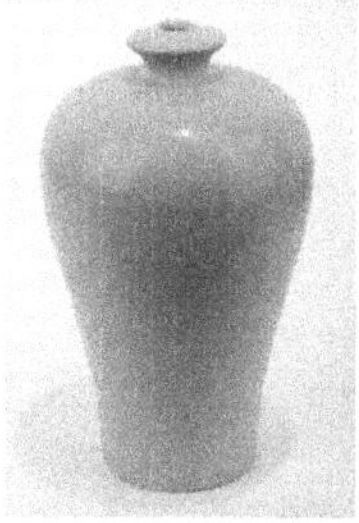

图3

图 4

图 5

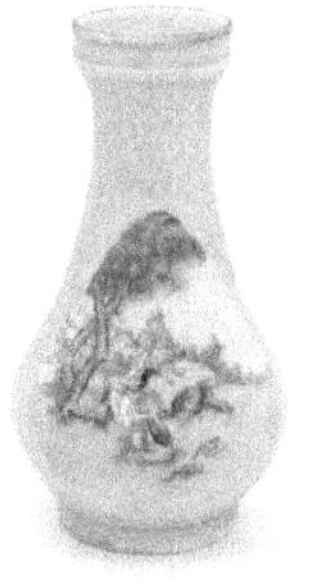

图 6

师:图片上的花瓶是哪些形状的?

师:这些花瓶漂亮吗?

师:下面一排和上面一排比,多了什么?

生:各种花纹。

师:花瓶上有的添加了花卉,有的添加了动物纹样,使花瓶更加美观了。

师:介绍宜兴的"五朵金花"之一的青瓷。

二、尝试练习,画画青瓷

1. 小练习:画画自己喜欢的青瓷花瓶

(1) 提醒学生,青瓷花瓶的外形多种多样,有的细颈宽肚,有的有耳,画时应选择自己喜欢的样式。

(2) 点评作业:有的用了细线条,表现的花瓶柔美细腻,有的用了粗线条,画出的花瓶比较粗犷大气,有的画了耳朵……

(3) 老师示范:看老师是怎样来画花瓶的。

线条可以粗细结合,墨色浓淡相间。

2. 欣赏青瓷花瓶上的图案

师:花瓶上有哪些纹样?

生:有花卉,有小鹿。

师:花瓶上的纹样多种多样,有花鸟鱼虫、人物动物等。

师:这节课我们来学习用一种我们很喜欢的动物来装饰花瓶。

三、浅尝笔墨,试画小猫

1. PPT 展示猫

2. 说说小猫的形态特点

小猫鼻子下面有一张人字形的嘴巴,两旁有 6 根白色的胡须,常常一扇一扇的，挺神气。猫的胡子非常硬，像钢针一样，能量出洞口的尺寸。

小猫有一对透亮灵活的大眼睛，黑黑的瞳仁还会变：早晨，像枣核；中午，就成了细线；夜里，却变成两只绿灯泡，圆溜溜的，闪闪发光。

3. 欣赏崔子范的名作：《宝贝睡了》

欣赏的目的：通过欣赏了解小猫的各种形态，为造型打基础（艺术来源于生活）。

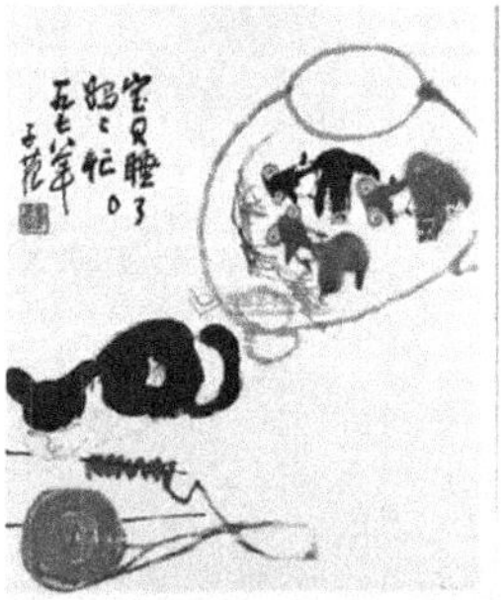

图7

（1）介绍崔子范

崔子范是一位享誉海内外的著名花鸟画家。崔子范的画，脱胎于中国文人画，但又没有文人画的陈腐气。虽然他的题材大多是前人画过的，但从造型到内涵都进行了变革。

（2）分析《宝贝睡了》的技法

他在画中虽然注入了时代气息和新的艺术活力，但笔端流出的天真、稚拙、幽默、夸张无不反映出他对新生活和大自然的热烈追求和深厚之爱。他用笔抑扬顿挫，苍劲有力；用墨，浓淡宏量，气势非凡；用色，冷暖相宜，浓淡兼施，追求一个“雅”字。

目的：体会名家怎么用水墨来表现小猫，了解名人崔子范。

4. 欣赏范画，分析画法

（1）观察范图，分析用什么样的笔墨来表现小猫。

（2）做小练习：复习各种笔墨技法的表现。

（3）指导技法。

① 浓破淡与淡破浓是常用的中国画技法。浓破淡是先画淡墨，然后趁其未干时拿浓墨去破之。两种墨色的对比要大一点，可以看得更明白，效果更显著。可以用来画小猫的头部、身体、尾巴。

② 淡墨中锋，可以用来勾头型。

③ 浓墨中锋勾线，重而有力，适合勾勒小猫的眼睛胡须、嘴巴，爪子。

通过学习，有目的地掌握笔墨技法。

5. 教师示范

四、体验笔墨，自主创作

1. 欣赏各类学生作业

师：我们来看看我们学校大哥哥大姐姐们的作品。

师：你在这些作品里发现了哪些不一样的地方？

生：他们有的添加了鱼，有的添加了笔筒，有的添加了桌子……

图 8

图 9

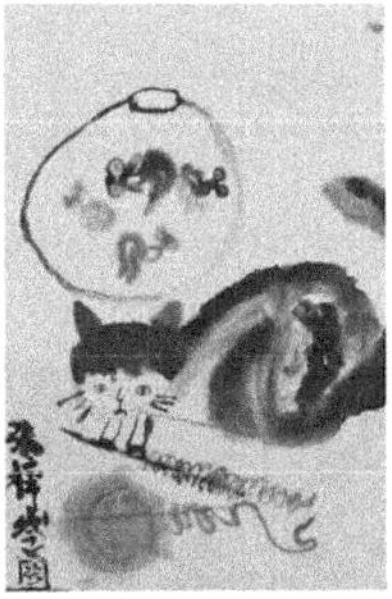

图 10

图 11

图 12

师：可以自由添加背景，突出一个“趣”字。

2. 学生讨论

说一说画的时候有什么困难，讨论解决问题的方法。

3. 学生练习

教师巡视，关注练习中出现的各种问题。

4. 教师小结

评析学生作业中出彩的地方。

目的，通过自我练习，感受运用老师教的技法来表现小猫的效果。通过讲评，让每一个学生体会调墨的方法，提高水墨表现的能力。

(1) 用淡墨勾头部，在画五官时应注意眼睛要有神。

(2) 用大笔浓淡墨侧锋画颈部、背部、尾巴，将干未干时用浓墨画花纹。

(3) 可用赭黄色罩染一下。

(4) 加一些草地、毛线球、鱼等，增强趣味性。

五、学生作业

运用学到的水墨技法，继续在原有的宣纸上画各种不同形态的小猫并添加一些适当的景物。

六、作品赏析

(1) 自评:对自己的作品满意吗?哪里最满意?

(2) 互评:你最喜欢哪幅作品?为什么?对哪幅作品有小建议?

(3) 教师小结。

【课后反思】

本课首先带领孩子们认识青瓷,引导孩子们为家乡自豪,培养热爱家乡的情感。本课重点在于如何在青瓷花瓶上用水墨画的方法表现猫这一形象。猫是孩子们生活中常见的动物,他们对于猫有很多熟悉的趣事,但如何用水墨技法表现猫,既要抓住猫的特征,又要体现水墨的韵味,还需老师加以引导。

因此,我首先让学生自由用水墨的方法来尝试表现猫,然后选取有代表性问题的作业来解决问题,如有的皮毛的感觉没有表现出来,或者墨色没有变化等,然后和学生一起寻找解决问题的方法。接着老师示范,让学生观察老师是怎样画的,让学生感受用笔用墨的方法,感受笔墨干湿、浓淡的变化。

我采用了创设情境、初步感体验笔墨、尝试练习画画青瓷、浅尝笔墨、试画小猫、观察大师、教师示范、体验笔墨、自主创作等环节,引导学生抓住猫的特征,反复体会水墨的浓淡干湿,感受水墨的韵味。在教学过程中不过分拘束学生,注重学生的自我表达,提议学生创设有趣的情境,增加画面的趣味。充分引导学生在宽松的氛围中体会水墨的美,体会中国水墨画与其他绘画形式的区别,培养学生对水墨画的兴趣和热爱。

(朱小珍)

《陶之美:鸵鸟》教学设计

【教学内容】

《水墨·阳羡》水墨画校本教材第一册第7课。

【课前思考】

本课是学习用水墨的眼光观察、表现鸵鸟,表现鸵鸟的神韵以及水墨的韵味。学生刚刚接触了一段时间的水墨画,对于水墨画有了一定的了解。本课的重点在于引导学生体验、探索水墨不同于其他绘画种类的表现手法,引导学生感受水墨趣味,培养学生具备水墨的审美眼光,同时培养学生热爱中国传统文化的情感。同时,介绍宜兴陶瓷"五朵金花"紫砂陶、均陶、青瓷、精陶、彩陶中的彩陶让学生欣赏,增强学生对家乡的自豪感。

【意义建构】

动物是儿童非常喜欢表现的题材,鸵鸟因为不常见,又因为它明显的外形特点,成为一个很好的绘画题材。本课需要学生运用已掌握的一些水墨画的笔墨技巧,用传统水墨的方法来表现鸵鸟,重点在于笔法、墨色的运用。让学生充分体会水墨的韵味,体会传统国画艺术之美。

【教学过程】

一、视频导入,感受水墨韵

1. 视频播放《奔跑的鸵鸟》

师:同学们看,画面中的动物你们认识吗?

2. 老师介绍鸵鸟

鸵鸟:为鸵鸟科唯一的物种,是非洲一种体形巨大,不会飞但奔跑得很快的鸟,也是世界上现存体型最大的鸟类。高可达2.5米,全身有黑白色的羽毛,脖子长而无毛,翼短小,腿长。平时速度达

图1

60 km/h,最快可达 72 km/h。

图 2

雄鸟全身大多为黑色,翼端及尾羽末端之羽毛为白色,且呈美丽的波浪状,白色的翅膀及尾羽衬托着黑色的羽毛,雌鸟与雄鸟大致相似,但羽毛不如雄鸟艳丽。

2. 出示水墨画鸵鸟

同学们比较一下它们跟我们刚才看到的鸵鸟有什么不同吗? 画者用的什么工具啊?

生:是用水墨画的! 是用毛笔、宣纸画的。

3. 引入课题

师:今天我们就一起来学习水墨画鸵鸟。(板书:水墨画鸵鸟。)

二、尝试游戏,探究墨趣

1. 游戏

我们知道毛笔是最有趣的工具,之前我们学过了“水墨游戏”。今天我们先来玩个游戏,一起来看游戏规则,请看 PPT 并大声读一下。

(PPT)水墨游戏要求:

(1) 画出不同的墨点、墨线、墨块,要有干湿浓淡的变化;

(2) 将它们重叠、组合,看看笔墨有什么变化。

教师解释:重叠——画了第一遍的笔墨上再画;组合——画不同的墨点、墨线、墨块。

板书(墨点、墨线、墨块;干、湿、浓、淡。),并以水墨画作形式呈现。

我们之前也学过了“鸟和家禽”,知道画鸟和家禽要抓住一般特征和典型特征,有勇气的同学也可以尝试用水墨工具来画一下鸵鸟。

2. 练习

学生练习,教师巡视。

3. 点评

展示几张学生练习作品,稍作点评。

师:表扬画鸵鸟的同学,勇气可嘉,但好像还差那么一点点,看看我们通过学习是不是能画得更好。

4. 破墨

师:来看看这些水墨游戏的作品,这样的笔触痕迹你是怎样画出来的?

师：我们发现，这位同学是先用浓墨画墨块，再用淡墨点滴在上面，而另一位同学则是先用枯笔焦墨皴色再用淡墨块涂上去的。其实这种方法是我们水墨画中一种特殊的用笔技巧，也是今天老师要向大家介绍的——“破墨”法。（板书：破墨。）

5. 探究

接下来请同学们跟着老师一起来看段视频，看看到底怎样是“破墨”。（播放微视频。）

微视频内容：

（1）先用调有淡墨的笔在宣纸上作画，再用浓墨加在未干的淡墨上，我们称这种方法为浓破淡。（板书：浓破淡。）

（2）先画浓墨，未干时用淡墨画第二遍。我们称这种方法为淡破浓。（板书：淡破浓。）

PPT 总结并让学生大声朗读：在宣纸上作画，当第一遍水墨未干时即在上面画第二遍，使水墨产生渗化交融的效果，这种方法叫“破墨”。点、线、墨块、干擦，在破墨时可交替使用。

6. 小结

师：观察这样的墨痕，给你什么感觉？你觉得可以用来表现鸟身上的什么部分？

生：毛绒绒的，渗化开来像鸟儿的羽毛。

板书：羽毛。

（设计意图：这是对前面所学知识的回顾，尝试用墨点、墨线、墨块画出鸟，这个小练习设计得有梯度，可以直接挑战画鸵鸟，也可以画笔触变化，通过练习点评引出本课的一个重要技法“破墨”，接着通过微视频，直观演示“破墨”，解决本课的难点。）

三、走进经典，感受水墨美

1. PPT 展示：任方程——水墨画鸵鸟

图 3

鸵鸟是地球上跑得最快的鸟，鸵鸟性情温和，通人性，吃苦耐劳，温顺善良。鸵鸟也是吉祥之物，早在公元前鸵鸟就开始陪伴人类了，2000 多年前的汉代已经有关于鸵鸟的记载，皇帝出巡仪仗中的“前朱雀后玄武”，朱雀就是今天的鸵鸟。2008 年北京奥运时，画家任方程画了 2008 只鸵鸟，捐赠给奥委会，为中国健儿鼓劲加油。

师：看看大师是怎样用水墨技法表现鸵鸟的？我们来仔细观察一下。

生：有的用的是浓破淡，而且加上了颜色。

生：有的用的是干擦。

生：有的巧妙地运用了墨点、墨线、墨块进行组合，也用到了浓破淡的方法。

2. 小结

师：我们又有了新的发现，因为我们的感受不同，想表达的东西不同，就可以用不同的水墨技法去表现。（板书：感受。）

（设计意图：让学生能使用本课知识去分析大师的作品。大师水墨画鸵鸟的经典之作让学生开阔了眼界，更感受到了水墨强大而独特的表现力。）

四、品味生作，包容个性美

1. 分析学生作品

师：刚刚我们看的是大师的作品，大师的作品很精彩，现在我们来看同学们的作品，看看他们又玩出了怎样的水墨变化。请根据刚才所学的知识来分析一下同学的画。

2. 图 4：《在阳光下成长》梁钰溪

(1) 这幅画是用什么样的笔触来表现鸟的羽毛的？（回答要点：墨点、墨线、墨块。）

(2) 小画家运用了刚刚讲到的什么技法来表现鸵鸟的？（回答要点：破墨、干擦、调墨。）

3. 图 5：《鸵鸟》王佳怡

图 4

图 5

生：这位同学画的鸵鸟的羽毛是刚刚老师所讲的“破墨”的一种技法——浓破淡。（墨点）渗化开的水墨和鸵鸟的羽毛的质感很相似。

4. 小结

师：这些同学学会了今天的方法，而且在构图用色上还有了自己新的尝试。

绘画时笔触、线条、墨色的选择都和对象的质感肌理有关，我们在画鸵鸟的眼睛、嘴和爪子的时候，水要少些，以免过于渗化，就不能很好地表现出质感。我们知道鸟的眼睛是很小的，嘴和爪子是很硬的，我们在表现的时候一定要考虑到这些细节。

5. 总结

师：我们发现大师和小画家用不同的笔触、不同的墨色、不同的技法表现了鸵鸟的羽毛特点。

（设计意图：通过对两组学生作品的分析，进一步理解可以用不同的用笔用墨手法来表现鸵鸟。同学们的水墨画鸟可以向画家学习，也可以根据自己的意思改画，画面要有自己的情趣。鼓励学生大胆创作。）

五、实践创作，表现自我美

现在是你们大显身手的时候了，用我们今天学到的方法来表现鸵鸟。

温馨小提示：

（1）选择用不同的、合适的墨点、墨线、墨块配合墨色的浓淡变化来表现鸵鸟。

（2）关注鸵鸟的羽毛特点，运用今天学到的破墨等技法来表现。

（3）画嘴、眼睛和爪子时水分略少。

学生临摹或者创作，教师巡回辅导。

（设计意图：给学生充足的时间表现鸵鸟。）

六、欣赏评价，评价独特美

展示学生作品，将学生作品贴到“鸵鸟园”。

评价建议（PPT 展示）：

（1）形态美——是否画出鸵鸟的特征。

（2）笔触美——是否运用“破墨”等技法画出鸵鸟的羽毛特点。

（3）墨色美——是否有浓淡干湿的变化。

（设计意图：作业展评，给学生一个展示的舞台，激励了学生学习水墨的热情。出示评价标准让学生能够运用专业的美术术语围绕本课教学重难点评价自己及他人的作品，帮助学生提高对水墨画的欣赏能力，也进一步培养了学生对中国传统文化的热爱之情。）

七、总结拓展

1. 小结

今天我们学会了用不同的墨点、墨线、墨块配合干湿浓淡的变化，运用破墨、干擦、调墨、色墨等技法来表现鸵鸟。

2. 欣赏

水墨画鸵鸟也可以出现在瓷器上。看，我们宜兴的五朵金花中的美彩陶上就有鸵鸟的身影。

3. 介绍宜兴美彩陶

宜兴美彩陶主要以突出其表面的装饰为重，以装饰陈设为主，是在汲取传统工艺的基础上发展起来的陶瓷艺术新葩。有雕塑、花瓶、灯具、壁画和其他实用工艺品等，釉色丰富，装饰绚丽典雅，具有较高的欣赏价值和实用功能，畅销国际市场。

图 6

图 7

图 8

图 9

图 10

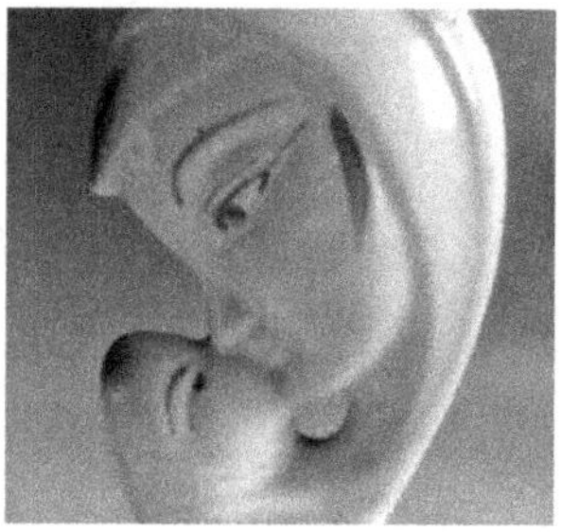

图 11

【课后反思】

孩子们很喜欢用画笔来表现动物。用水墨的方法来表现动物，更是给孩子们带来了更多的新奇感。鸵鸟是一种特征很明显的动物，比较容易抓住它的特点，但是用水墨的方法来画好鸵鸟，还是有一定的挑战性的。鸵鸟不是生活中常见的动物，因此，我先让孩子们深入了解一下鸵鸟，加深对鸵鸟的印象，总结鸵鸟的特征，在此基础上设计了一次小练笔，引导学生感受笔性、墨性。接着欣赏名家作品——任方程的《鸵鸟》，观察分析画家是怎样用水墨的方法来表现鸵鸟的，什么地方用的是浓墨，什么地方用的是淡墨，尾巴是用什么笔法、墨法表现的。最后，欣赏同龄人的作品，拉近学生和绘画作品之间的距离，让学生对自己的绘画更有信心。通过欣赏同龄人的作品，学生发现：画面可以自由地组合，或者加上合适的背景，在掌握鸵鸟画法的基础上画出自己的想法。通过上述环节，孩子们很好的掌握了鸵鸟的画法，在欣赏和实践中感受到了水墨画不同于其他画种的笔墨技法，体会了我国传统国画的独特韵味。最后在拓展环节，介绍了我们宜兴《五朵金花》之一的美彩陶，培养孩子们对家乡的热爱和自豪感。

（朱小珍）